Jo-Jo 2

Sprachbuch

Erarbeitet von

Stephanie Aschenbrandt
Susanne Mansour
Annett Marchand
Sandra Meeh
Henriette Naumann-Harms
Martin Wörner

Fachliche Beratung zur Silbenstrategie,
zum Verlängern, zum Ableiten und zu Merkwörtern

Günter J. Renk

Cornelsen

Inhaltsverzeichnis

Hallo, ich bin Jojo.
Du findest mich auf vielen
Seiten in deinem Sprachbuch.
Oft habe ich Tipps für dich.
Viel Spaß!

Miteinander

Das sind unsere Klassenregeln: Wir …

1 Was tun die Kinder? Beschreibt.

2 Beantwortet die Fragen.

> Was machen die Kinder mit dem Tablet?

> An welche Regel kannst du dich gut halten?

> Was tun Mila und Tarik?

> Wer sitzt neben Greta?

> Warum trägt die Lehrerin ein Mikrofon um den Hals?

3 Stellt eigene Fragen zum Bild.
Oder: Stellt Fragen zu eurer Klasse.

zu einem Bild erzählen; Fragen stellen und beantworten; Gesprächsregeln beachten, über Regeln und ihre Einhaltung sprechen, 🔊 Hörverstehen

Kleine Texte schreiben

1 Löst die Rätsel. Das Bild links hilft euch.

Es hat einen roten Griff.
Du brauchst es zum Basteln.
Man kann damit schneiden.

Es hängt an der Wand.
Es zeigt Regeln.

Es ist aus Holz oder Plastik.
Es stehen Zahlen und Striche darauf.
Man kann damit messen.

Es hat zwei Zeiger
und zeigt die Zeit an.

Es hat eine Tastatur und
einen Bildschirm. Man kann
es zusammenklappen.

2 Denke dir ein Rätsel aus und schreibe es auf: Es …

3 Lest euch eure Rätsel vor. Die anderen Kinder raten.

4 Sammelt eure Rätsel in einer Rätselkartei.
Findet ihr noch mehr Rätsel?

Nomen kennenlernen

1 In der Pause spielen die Kinder Quartett. Seht euch das Bild an.
Sprecht darüber. Welche Karten gehören zusammen? Begründet.

2 Ordne die Wörter aus dem Quartettspiel. Schreibe sie auf.

Menschen: Frau, ...

Tiere: ...

Pflanzen: ...

Dinge: ...

> Wörter für Menschen, Tiere, Pflanzen
> und Dinge nennt man **Nomen**.
> Nomen werden immer **großgeschrieben**:
> *Frau, Maus, Blume, Besen.*

3 Welches Nomen passt in jeder Reihe nicht zu den anderen? Warum?
Schreibe nur die passenden Nomen auf.

Tante	Lehrer	Onkel	Buch	Kind
Löwe	Frosch	Tisch	Ente	Kater
Biene	Turm	Besen	Auto	Säge
Baum	Käfer	Blume	Gras	Busch

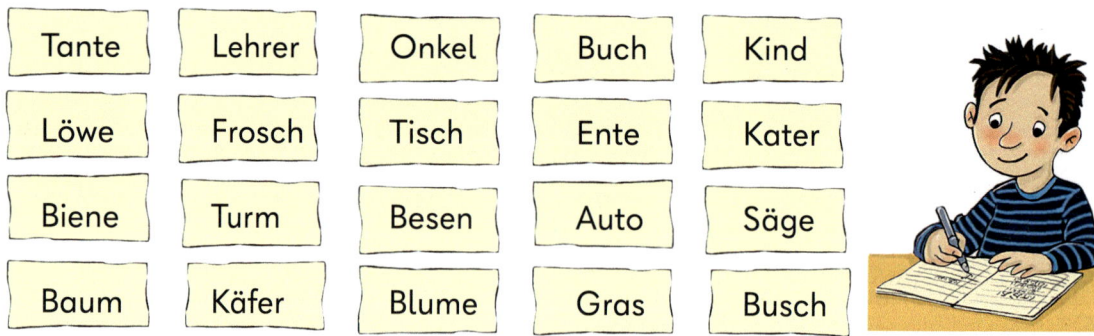

4 Stellt selbst ein Quartett her. Spielt euer Quartett.

Wortart Nomen kennenlernen; die Großschreibung von Nomen kennenlernen und anwenden;
Nomen sammeln und nach Kategorien ordnen

Nomen großschreiben

1 Schreibe die Namen der Spielsachen auf.
Male den großen Anfangsbuchstaben an: <mark>W</mark>ürfel, …

2 Schreibe den Text ab. Setze die fehlenden Wörter ein.
Es ist Regenpause. Emilia …

Es ist Regenpause.

Emilia und Tim suchen die .

Karol und Leni holen die

und den  .

Murat und Anna tauschen .

Rami würde lieber spielen.

3 Welche Puzzleteile passen zusammen?
Schreibe die Nomen auf.

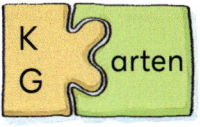

Was reimt sich auf Hund?

Verschriftung und Großschreibung von Nomen einzeln und im Textzusammenhang üben;
Analogiebildung: durch Reimwörter neue Nomen bilden

Silben schwingen ⌣

Sprich das Wort deutlich Silbe für Silbe. Zeichne dabei zu jeder Silbe mit der Schreibhand einen Bogen in die Luft. Gehe zu jeder Silbe einen kleinen Schritt nach rechts.

1 Sprecht und schwingt die Nomen.

Schule

Schule	Schere	Kinder	Lampe
Flöte	Klasse	Pinsel	Stempel
Pause	Hefte	Tafel	Bücher

2 Schreibe die Nomen ab.
Zeichne Silbenbögen: Schule, Flöte, ...

3 Bilde Wörter und schwinge. Zeichne Silbenbögen: Hose, ...

4 Schreibt alle Namen aus eurer Klasse auf. Zeichnet Silbenbögen.
Oder: Findet besonders lange Wörter. Zeichnet Silbenbögen.

Rechtschreibstrategie Silbenschwingen kennenlernen und anwenden;
Wörter schwingen und aufschreiben; Silben zu Nomen zusammensetzen;
eigene Wörter finden; Silbenbögen zeichnen, ▷ Strategiefilm

S. 82   S. 158

Hier üben wir

1 Übe den Text: ✏️ oder 📖 oder 👥 oder 🏃.

In der Schule

In der Schule lernen alle Kinder.

Gemeinsam lesen und arbeiten sie.

Sie schreiben Wörter an die Tafel.

🔍 Die Kinder helfen sich.

Sie schreiben die Aufgaben in die Hefte.

 **Grundwortschatz**

die Schule
die Kinder
die Tafel
die Aufgaben
die Hefte
lernen
lesen
schreiben
alle
und
sie

2 Wie viele Wörter im Text haben zwei Silben?
Schreibe jedes Wort einmal auf.
Zeichne die Silbenbögen.
Schule, …

3 Suche die Wörter Tafel und Aufgaben im Text.
In welchen Sätzen kommen sie vor?
Schreibe die beiden Sätze auf.
Sie …

4 Setze aus den Buchstaben Nomen zusammen.
Die Nomen findest du alle im Übungstext.
Schreibe sie auf.
Zeichne Silbenbögen: Kinder, …

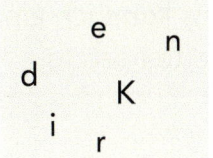 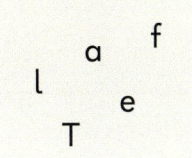 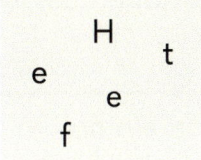 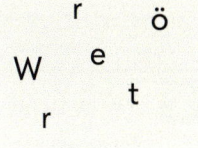

📖 Was hast du in diesem Kapitel gelernt?
Du kannst zum Beispiel schreiben, was du über Nomen gelernt hast.

S. 162 –167

Übungswörter aus dem GWS einzeln und im Textzusammenhang üben;
Silbenanzahl in Wörtern erkennen, Silbenbögen zeichnen; Übungswörter (Nomen)
erkennen und zusammensetzen; Impuls Lerntagebucharbeit

11

Im Herbst

1 Die Kinder haben viele tolle Sachen gebastelt. Beschreibt, was ihr auf dem Bild erkennt.

2 Welches Material haben die Kinder dafür verwendet?

3 Was hast du schon einmal im Herbst gebastelt? Sammelt eure Bastelideen.
Oder: Was würdest du gerne basteln?

4 Macht eine Ausstellung mit euren Herbstbasteleien.

Im Park habe ich Kastanien entdeckt. Daraus kann ich eine Kette basteln.

sich an Gesprächen beteiligen, Sachverhalte beschreiben: Bastelmaterialien erkennen und Bastelergebnisse beschreiben; über eigene Erfahrungen berichten; Ideen sammeln, eine Ausstellung planen

Einladungen

1 Schreibe die Einladung für einen Bastelnachmittag
in der richtigen Reihenfolge auf: Liebe Eltern! ...

Wir wollen gemeinsam
mit euch basteln.

Wir laden euch zu einem
Herbstnachmittag ein.

Am 1. Oktober treffen wir uns von
14 bis 16 Uhr in unserem Klassenzimmer.

Eure Klasse 2a

Liebe Eltern!

Wir freuen uns, wenn ihr kommt.

2 Überlege, was in eine Einladung gehört.
Schreibe die Fragen und die Informationen aus Aufgabe 1 auf.
Wer ist eingeladen? die Eltern

Wer ist eingeladen?

Was findet statt?

Wann findet es statt?

Wo findet es statt?

Wer lädt ein?

3 Zu welchem Fest möchtest du einladen?
Schreibe und gestalte eine eigene Einladung.

4 Vergleicht eure Einladungen miteinander.

Textsorte Einladung kennenlernen; eine Einladung aus Textteilen zusammensetzen;
wichtige Informationen in einer Einladung erkennen; eine eigene Einladung schreiben und
gestalten; passende sprachliche Mittel verwenden

Bestimmte Artikel

1 Lies den Text. Was fehlt?

Der Bastelnachmittag ist vorbei. Nun wird
aufgeräumt. Paul bringt ⬤ Papier raus.
Nele packt ⬤ Schere ein.
Max ist ratlos. Wem gehören ⬤ Stift
und ⬤ Pinsel?
Auf dem Boden liegt noch ⬤ Bild von Mara.
Später verlassen alle ⬤ Schule.
Frau Lemke schließt ⬤ Tür ab.

2 Schreibe den Text aus Aufgabe 1 ab. Setze **der**, **die** oder **das** ein.
Unterstreiche die eingesetzten Artikel **der**, **die** und **das**.
Der Bastelnachmittag …

> Nomen haben Begleiter. Sie heißen **Artikel**.
> **Bestimmte Artikel**: •der *Stift*, •die *Schere*, •das *Papier*

3 Schreibe die Nomen mit dem passenden Artikel auf: der Herbst, …

Herbst • Sonne • Obst • Blatt • Kastanie • Apfel • Drachen • Kürbis

4 Spielt das Artikel-Spiel.

Bastelt euch einen Würfel aus Pappe.
Oder nehmt einen Spielwürfel.

- Würfelt in der Gruppe reihum.
- Derjenige, der gewürfelt hat, schreibt zu
  dem gewürfelten Artikel ein Nomen auf.
- Wer zuerst fünf Nomen zu einem Artikel
  aufgeschrieben hat, gewinnt.

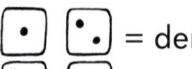 = der
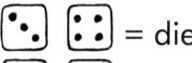 = die
 = das

einen Text lesen und verstehen; bestimmte Artikel in einem Text ergänzen;
Nomen mit bestimmtem Artikel aufschreiben; Gebrauch der Artikel in
einem Spiel erproben; farbige Artikelmarkierungen als Hilfe beim Erwerb
der Genera kennenlernen, ▷ Sachfilm

Unbestimmte Artikel

1 Lies den Text. Setze für die Bilder Nomen ein.

Die Kinder basteln im Herbst viele Dinge.

Anna fädelt eine mit Kastanien auf.

Max klebt ein aus vielen Blättern.

Zusammen wird ein 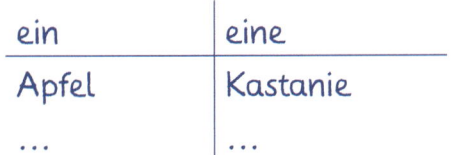 ausgehöhlt.

2 Schreibe die eingesetzten Nomen mit dem Artikel
ein oder **eine** auf: *eine Kette, …*

3 Trage die Wörter in eine Tabelle ein.

ein	eine
Apfel	Kastanie
…	…

Apfel • Kastanie • Blatt • Birne
Feder • Nuss • Drachen • Baum

> Nomen haben Begleiter. Sie heißen **Artikel**.
> **Bestimmte Artikel**: •der *Kürbis*, •die *Kette*, •das *Bild*
> **Unbestimmte Artikel**: •ein *Kürbis*, •eine *Kette*, •ein *Bild*

4 Lest die Sätze. Sprecht darüber:
Wann verwendet man **der**, **die**, **das**?
Wann verwendet man **ein**, **eine**?

Es gibt **eine** Kette mit fünf Kastanien.
Es ist **die** Kette von Anna.

An der Tafel hängt **ein** Bild aus Blättern.
Es ist **das** Bild von Max.

Ein Kürbis ist schon fertig.
Es ist **der** Kürbis mit dem Gesicht.

einen Text lesen und verstehen; Nomen mit unbestimmten Artikeln aufschreiben;
unbestimmte Artikel nach Geschlecht sortieren; über die Verwendung von
bestimmten und unbestimmten Artikeln sprechen, ▷ Lesen mit Unterstützung

Ordnen und nachschlagen

1 Was kommt zuerst? Ordne jedes Paar nach dem ABC:
Apfel – Birne, …

Birne – Apfel   Regen – Schnee   Wolke – Qualm

Wind – Jacke   Vogel – Dachs   Hase – Gras

2 Ordne die Wörter in den Drachen nach dem ABC: Ast, …

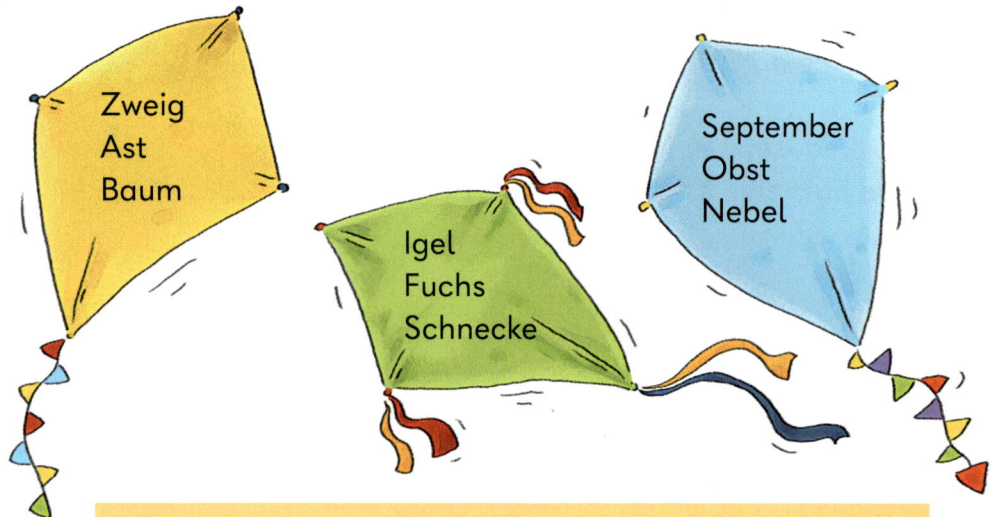

Zweig
Ast
Baum

Igel
Fuchs
Schnecke

September
Obst
Nebel

> Wörter werden nach dem Alphabet (ABC) geordnet.
> Wörter mit gleichem Anfangsbuchstaben werden nach
> dem zweiten Buchstaben geordnet: *Apfel – Arbeit – Ast*

3 Ordne diese Wörter nach dem zweiten Buchstaben.
Kontrolliere mit der Wörterliste: Ball, Bett, Birne, …

Bett – Blume – Ball – Birne – Brot

Gemüse – Garten – grün – Glas – gut

Wiese – Wetter – Wurm – Wolke – warm

Zeit – Zahl – zwei – Zimmer

Mein Herbst-ABC
Apfel
Birne
Champignon
Drachen

4 Gestalte dein Herbst-ABC.
Du kannst viele Wörter dieser Seite verwenden.

16

das Alphabet üben; Wörter und Wortpaare nach dem ABC ordnen;
in der Wörterliste nachschlagen; Wörter nach dem zweiten Buchstaben ordnen;
ein Herbst-ABC gestalten

S. 80

Hier üben wir

1 Übe den Text: 📝 oder 🎴 oder 👥 oder 🏃. 📱 **Grundwortschatz**

Herbst

Nun ist der Herbst da. Der Wind weht.

Die Kinder lassen die Drachen steigen.

Im Park suchen Max und Anna Kastanien.

⊙ Am Abend laufen sie mit

den Laternen durch die Straßen.

der Herbst
der Wind
der Abend
lassen
steigen
suchen
laufen
nun
da
mit
durch

2 Finde im Text alle Wörter mit zwei Silben.
Schreibe sie auf. Zeichne Silbenbögen: Kinder, …

3 Schreibe die Nomen mit dem bestimmten
und dem unbestimmten Artikel auf.
der Wind – ein Wind, das Kind – …

Wind   Kind   Drachen   Park   Kastanie   Abend   Straße

4 Sortiere diese Wörter nach dem ABC.

Drachen – Park – Kastanie – Laterne – Wind

steigen – lassen – suchen – wehen – durch

5 Entziffere die Geheimschrift. Schreibe die Wörter auf.

14	21	14

19	20	5	9	7	5	14

4	9	5

4	18	1	3	8	5	14

A 1	N 14
B 2	O 15
C 3	P 16
D 4	Q 17
E 5	R 18
F 6	S 19
G 7	T 20
H 8	U 21
I 9	V 22
J 10	W 23
K 11	X 24
L 12	Y 25
M 13	Z 26

📖 Was hast du in diesem Kapitel gelernt? Du kannst
zum Beispiel schöne Herbstwörter aufschreiben.

Übungswörter aus dem GWS einzeln und im Textzusammenhang üben;
Silbenanzahl in Wörtern erkennen, Silbenbögen zeichnen; Wörter mit bestimmtem
und unbestimmtem Artikel aufschreiben; Wörter nach dem ABC ordnen,
Wörter entschlüsseln; Impuls Lerntagebucharbeit

Tiere

1 Was weißt du über diese Tiere? Erzähle.

2 Welches Tier ist dein Lieblingstier?
Hast du ein Tier oder wünschst du dir eines?

> Mein Lieblingstier ist …

> Ich habe kein Tier, weil …

3 Tiere sollen artgerecht gehalten werden.
Was bedeutet das? Sprecht darüber.

4 Suche dir ein Tier aus. Schreibe auf, was du über dieses Tier weißt.
Oder: Wählt ein Tier aus. Gestaltet dazu ein Plakat.
Sucht im Tierlexikon oder im Internet.
Benutzt Kindersuchmaschinen: blinde kuh, fragFINN, helles-koepfchen

sich an Gesprächen beteiligen; Vorwissen aktivieren; einen Begriff klären; persönliche Wünsche
und Gefühle formulieren und begründen; zu einem Tier Informationen sammeln und einen Text
schreiben, alternativ ein Plakat erstellen; Kindersuchmaschinen nutzen, ▷ Sachfilm

S. 169

Informationen sammeln

1 Luisa hat einen Blindenführhund.
Welche Aufgabe haben diese Hunde? Lies den Text.

Luisa ist blind. Sie hat einen Blindenführhund.
Er heißt Frodo. Frodo ist fünf Jahre alt. In einer
besonderen Hundeschule hat er gelernt, wie er
Luisa helfen kann. Er führt sie sicher durch den
Straßenverkehr.
Frodo zeigt Luisa auch an, wo eine Treppe ist.
Dazu bleibt er kurz an der ersten Treppenstufe stehen.
Frodo muss sich gut auf seine Arbeit konzentrieren. Deshalb darf er
nicht von anderen Menschen angefasst oder angesprochen werden.
Seit sie Frodo hat, kann Luisa viel mehr unternehmen.

2 Lies die Fragen. Schreibe die Antworten auf.
Antworte im ganzen Satz: a) Er heißt …

a) Wie heißt Luisas Blindenführhund?

b) Wie alt ist Frodo?

c) Was hat Frodo in der Hundeschule gelernt?

d) Was macht Frodo, um Luisa eine Treppe anzuzeigen?

e) Warum darf ein Blindenführhund von anderen Menschen nicht angesprochen oder angefasst werden?

3 Lawinenhund, Polizeihund und Hütehund:
Hunde helfen Menschen auch in anderen Situationen.
Sammle Informationen und berichte davon.

Verben kennenlernen

1 Was machen Hunde?
Schreibe Sätze mit den passenden Verben: *Hunde fressen.*

rennen
spielen
fressen
schreiben

lesen
schlafen
knurren
fliegen

> **Verben** sagen, was Menschen, Tiere, Pflanzen oder Dinge tun.
> Verben werden kleingeschrieben: *rennen, fressen, fliegen.*

2 Was machen die Tiere? Ordne zu und schreibe die Sätze auf.
Hühner gackern. Hunde …

Hühner
Hunde
Pferde
Frösche

bellen
quaken
gackern
wiehern

Katzen
Hähne
Schweine
Kühe

muhen
miauen
krähen
grunzen

3 Auf dem verzauberten Bauernhof spricht jedes Tier eine Fremdsprache.
Tausche die Verben aus. Schreibe den Text mit den richtigen Verben auf.
Auf dem Bauernhof …

Auf dem Bauernhof ist viel los.

Die Katze *kräht* vor dem Haus.

Ein Schwein *muht* im Stall. Der Hahn *quakt.*

Der Hofhund *grunzt* laut. Das Pferd *gackert.*

Ein Huhn *wiehert* laut, weil es ein Ei gelegt hat.

Auf der Weide *bellt* die Kuh. Im Teich *miaut* der Frosch.

4 Denkt euch Verben aus und spielt sie vor. Die anderen Kinder raten.

Verben und ihre Bedeutung kennenlernen; Verben zuordnen und sinnvolle Sätze aufschreiben;
Spiel: Verben vorspielen und erraten lassen, ▷ Wortschatz

Verben verwenden

1 Schreibe die Sätze ab. Unterstreiche das Verb. Male die Endung an.
Ich trink*e* Saft.

Ich trinke Saft.
Du trinkst Limo.
Er/Sie/Es trinkt Wasser.
Wir trinken Milch.
Ihr trinkt Kakao.
Sie trinken Tee.

Verben können sich verändern: *Ich trinke. Du trinkst.*

2 Verben können sich verändern. Ordne richtig zu.
Schreibe die Sätze auf. Ich säubere den Käfig.

Ich	spielen mit dem Hund.
Du	schläft im Hundekorb.
Er/Sie/Es	säubere den Käfig.
Wir	schnurren laut.
Ihr	bürstet das Fell.
Sie (alle)	streichelst dein Haustier.

3 Lies die Sätze. Verändere die Endung der Verben so,
dass sie in die Sätze passen. Schreibe die Sätze auf.
Der Goldfisch schwimmt im Aquarium.

Der Goldfisch ⬤ im Aquarium.	schwimmen
Der Hamster ⬤ im Hamsterrad.	rennen
Der Wellensittich ⬤ durch das Zimmer.	fliegen
Die Amsel ⬤ in der Pfütze.	baden
Die Ente ⬤ ein Ei.	legen

die Veränderung von Verben im Satz erfahren;
vorbegrifflich: Personalformen von Verben erkennen und verwenden;
Verben passend einsetzen und sinnvolle Sätze schreiben

Selbstlaute (Silbenkönige) und Mitlaute

1 Schreibe die Tiernamen auf
Ergänze dabei die fehlenden Buchstaben: der Affe, ...

der ●ff●   der H●nd   der ●g●l   der V●g●l

der F●sch   der H●s●   das Z●br●   der ●s●l

> **a, e, i, o, u** sind Laute, die allein klingen. Sie heißen **Selbstlaute**.
> Alle anderen Laute im ABC nennt man **Mitlaute**.
> In jeder Silbe steckt ein **Selbstlaut (Silbenkönig)**: *Fisch, Kamel*

2 Zeichne Silbenbögen unter die Wörter. Male die Silbenkönige an.
der Affe, ...

3 Ordne die Tiernamen von oben nach ihrem Anfangsbuchstaben.

Selbstlaut	Mitlaut
Affe	Hund
...	...

4 Hier wurden alle Selbstlaute durch ein **o** ersetzt.
Schreibe die Tiernamen mit den richtigen Selbstlauten auf.
Zeichne die Silbenbögen. Male die Silbenkönige an.
der Luchs, ...

der Lochs   der Homstor   das Schof   der Dochs

das Pford   der Fochs   das Komol   der Lowo   die Schlongo

Selbstlaute als Silbenkönige kennenlernen, Selbstlaute in Nomen ergänzen und markieren,
Silbenbögen zeichnen; Selbstlaute und Mitlaute unterscheiden; Anfangsbuchstaben als Selbst-
oder Mitlaut identifizieren; Wörter entschlüsseln und mit richtigem Selbstlaut aufschreiben,
▷ Strategiefilm

S. 84   S. 158

Hier üben wir

1 Übe den Text: ✏️ oder 🥣 oder 👥 oder 🏃. 👤🗄️ **Grundwortschatz**

Die Katze

Tim und Murat sehen Laras Katze im Hof.

Minka ist schwarz und hat grüne Augen.

Die Jungen rufen die Katze.

Doch das Tier rennt unter den Busch.

Tim und Murat locken Minka zu sich.

🔵 Da kommt sie langsam zu ihnen.

die Katze
die Augen
die Jungen
das Tier
sehen
rennt
kommt
schwarz
grün
langsam
ihnen

2 Diese Wörter stehen im Text.
Schreibe sie mit den richtigen Selbstlauten auf.
Zeichne Silbenbögen. Male die Silbenkönige an:
Jungen, …

J◯ng◯n   s◯h◯n   schw◯rz   r◯f◯n

B◯sch   l◯ngs◯m   l◯ck◯n   ◯nt◯r

3 Finde alle Nomen im Text, die mit einem Mitlaut beginnen.
Schreibe sie auf: Katze, …

4 Schreibe den Text mit den passenden Selbstlauten auf.

L✿r✿s K✿tz◆ ❖st ❖m H✛f. T✛m ◎nd M◎r✿t

s◆h◆n M❖nk✿ ◎nt◆r d◆m B◎sch.

L✿r✿ r◎ft ❖hr◆ K✿tz◆.

D✿ k✛mmt M❖nk✿ s✛f✛rt.

a =	✿
e =	◆
i =	❖
o =	✛
u =	◎

📖 Was hast du in diesem Kapitel gelernt?
Du kannst zum Beispiel Informationen über ein Tier aufschreiben.

S. 162
–167

Übungswörter aus dem GWS einzeln und im Textzusammenhang üben;
Selbstlaute einsetzen, Silbenbögen zeichnen, Silbenkönige markieren;
Mitlaute erkennen; eine Geheimschrift entschlüsseln; Impuls Lerntagebucharbeit

23

Im Winter

1 Erzählt zu den Bildern. Was gehört zur Winterzeit?

2 Erzählt oder schreibt auf, was euch am Winter gefällt und was ihr im Winter gerne macht.

> Mir gefällt am Winter, dass ...

3 Welche Feste werden bei euch im Winter gefeiert? Schreibe und male, welches Fest du besonders magst.
Oder: Finde heraus, warum diese Feste gefeiert werden.

sich an Gesprächen beteiligen, zu Bildern erzählen; eigene Erfahrungen einbringen, über Gefühle und Vorlieben zum Thema Winter/Weihnachten sprechen, ggf. schreiben; sich über winterliche Feste anderer Kulturen austauschen und in Medien dazu recherchieren, ▷ Sachfilm

 S. 169

Bastelanleitungen

1 Lies die Bastelanleitung. Probiere sie aus.
Du brauchst: 1 quadratisches Papier (farbig, golden oder silbern), Sterne,
Stempel oder Aufkleber zum Verzieren, Stifte zum Bemalen, Kleber

1 Falte das Papier 2-mal.

2 Falte die vier Ecken zum Mittelpunkt hin.

3 Klappe jede Spitze nach außen bis zum Rand.

4 Schlage die vier Spitzen nach innen ein.

5 Klebe den Rahmen fest und verziere ihn.

6 Schreibe einen Gruß in den Rahmen.

2 Was möchtest du jemandem zu Weihnachten oder zum
neuen Jahr wünschen? Überlege und schreibe deine Ideen auf.

3 Schreibe auf, wie der Schmuckrahmen gebastelt wird.

1 Zuerst falte ich …   4 Jetzt schlage ich …
2 Dann falte ich …   5 Nun klebe ich …
3 Danach klappe ich …   6 Zum Schluss schreibe ich …

4 Sammelt Weihnachtsgrüße und Neujahrsgrüße in verschiedenen Sprachen.

S. 142   S. 150

eine Bastelanleitung ausprobieren; den Bastelablauf in der Ich-Form beschreiben; Weihnachts-
und Neujahrsgrüße an andere aufschreiben; Weihnachts- und Neujahrsgrüße in verschiedenen
Sprachen sammeln

25

Aussagesätze

1 Lies den Text.
Mache nach jedem Satz eine kurze Pause.

Sina und Aran freuen sich auf Weihnachten.
Die Familie backt Weihnachtsplätzchen.
Aran verziert die Plätzchen mit Streuseln.
Sina bastelt einen Stern.
Auf dem Kranz brennen schon drei Kerzen.
Die Fenster sind festlich geschmückt.
Auf dem Balkon steht der Weihnachtsbaum.

2 Welche Aussagesätze in dem Text passen zu den Bildern?
Ordne zu. Bild 1: Auf dem Kranz ...

> Am **Satzanfang** schreibt man **groß**.
> Nach einem **Aussagesatz** steht ein **Punkt**:
> *Die Fenster sind festlich geschmückt*.

3 Schreibe den Text ab.
Setze nach jedem Aussagesatz einen Punkt.
Schreibe jeden Satzanfang groß.
Die Plätzchen schmecken ...

die Plätzchen schmecken allen sehr gut
die vierte Kerze wird angezündet
nun dauert es nicht mehr lange bis Weihnachten

4 Schreibe den Text ab. Setze Punkte.
Schreibe die Satzanfänge groß: Sina singt ...

Sina singt Weihnachtslieder ihre Mutter spielt dazu Gitarre
der Vater trägt die Tanne herein Aran bringt den Baumschmuck

einen Text lesen und verstehen; den Satz als sprachliche und klangliche Einheit erfahren;
den Begriff Aussagesatz und das Satzschlusszeichen „Punkt" kennenlernen; Großschreibung
am Satzanfang

Fragesätze

1 Sina und Mario basteln ein Winterquiz. Sie schreiben Fragen auf kleine Karten. Dazu gibt es zwei Antworten zur Auswahl. Lest die Fragen und die Antworten vor.

1. Wann ist Neujahr?

Am 1. Januar ist Neujahr.   **F**
Am 24.12. ist Neujahr.   **K**

2. Wie wird Fastnacht auch genannt?

Silvester
Karneval, Fasnet oder Fasching   **A**
E

3. Wie heißen die ersten Frühblüher?
Sonnenblumen   **L**   Schneeglöckchen   **I**

4. Wer macht einen Winterschlaf?
Blaumeisen und Rehe   **M**   Murmeltiere und Fledermäuse   **E**

5. Was haben viele Schneemänner als Nase?
eine Karotte   **R**   eine Erdbeere   **S**

6. Haben alle Monate gleich viele Tage?
ja   **U**   nein   **T**

7. Feiern wir Silvester im Februar?
ja   **P**   nein   **A**

8. Verbringen Zugvögel den Winter im Süden?
ja   **G**   nein   **P**

> Habt ihr die Fragen und die Antworten unterschiedlich betont?

2 Schreibe alle Fragen ab. Denke an das Fragezeichen und male es an:
Wann ist Neujahr**?**

> Nach einem **Fragesatz** steht ein **Fragezeichen**.
> *Wann ist Neujahr***?**

3 Schreibe hinter deine Fragen den Buchstaben der richtigen Antwort. Setze die Lösungsbuchstaben zusammen.
Wie heißt das Lösungswort? Wann ist Neujahr**?** F

4 Überlegt euch weitere Quizfragen.

S. 120

Satzarten mit einem Quiz üben; den Begriff Fragesatz kennenlernen und das Fragezeichen als Satzschluss- und Aussprachezeichen erfahren; eigene Quizfragen überlegen

27

Wörter mit ie

1 Lies den Text. Sprich die Wörter mit **ie** deutlich.

Aran und Rana lieben Silvester. An diesem Abend kommen viele Freunde zu Besuch. Da klingeln schon die ersten Gäste. Nach dem Essen spielen alle zusammen lustige Spiele. Später hören sie laute Lieder und tanzen dazu. Leider hat Aran ein wenig Fieber und muss oft niesen. Deshalb möchte er lieber auf dem Sofa liegen. Endlich ist es so weit: In sieben Minuten beginnt das neue Jahr.

2 Schreibe die Wörter aus Aufgabe 1 mit langem i auf. Zeichne Silbenbögen. Male in jedem Wort **ie** an. 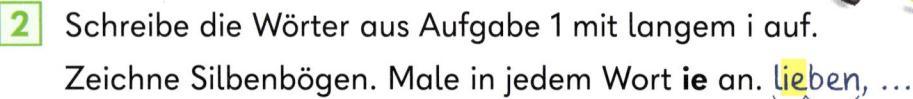 lieben, …

> Hört man ein **langes i**, schreibt man meistens **ie**:
> *lie*ben, das *Fie*ber, *hie*r

3 Sprich die Wörter aus dem Kasten langsam und deutlich. Schreibe sie auf. Male in jedem Wort **ie** an.

d❄se	das Kn❄	n❄	l❄b	das Pap❄r
die Fl❄ge	v❄l	fl❄ßen	der Br❄f	

4 Setze die Wörter zusammen. Zeichne Silbenbögen. Markiere **ie**: Biene, …

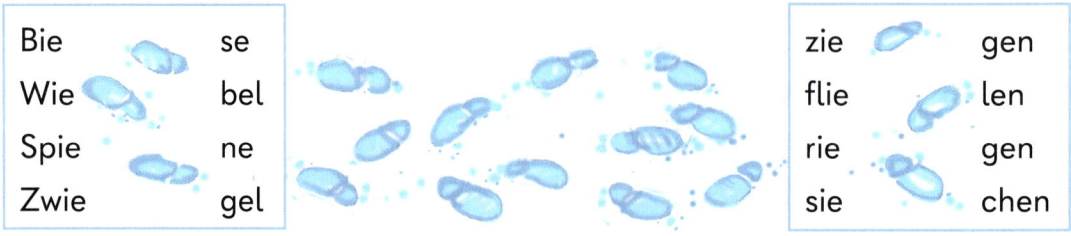

Bie	se
Wie	bel
Spie	ne
Zwie	gel

zie	gen
flie	len
rie	gen
sie	chen

einen Text lesen und verstehen; regelmäßige Schreibung des langen i als ie kennenlernen;
Wörter mit ie aufschreiben; Silbenbögen zeichnen, ie als Silbenkönig markieren;
Nomen und Verben mit ie aus Silben zusammensetzen, ▷ Lesen mit Unterstützung

S. 88   S. 158

Hier üben wir

1 Übe den Text:  **Grundwortschatz**

Im Winter
Es hat heute wieder geschneit. Ben und Klara
lieben den Winter. Schnell holen sie die Stiefel
und den Schlitten. Sie riechen die frische Luft.
Sie laufen zur Wiese und spielen hier im Schnee.

Dann liegen sie auf dem Rücken.
Mit den Armen malen sie einen Engel
in den Schnee.

Grundwortschatz
der Winter
die Stiefel
der Schlitten
die Wiese
der Schnee
die Arme
der Engel
lieben
riechen
spielen
liegen
frisch
wieder
hier

2 Schreibe alle Wörter aus dem Text mit **ie** auf.
Zeichne Silbenbögen.
Male in jedem Wort das **ie** an: wieder, ...

3 Wie heißen die Übungswörter?
Schreibe sie auf: Schlitten, ...

Schlitten   Engel   Schnee   Winter   Rücken   Arme

4 Schreibe die Fragen ab und beantworte sie mit einem Satz:
Wer liebt den Winter? Ben und Klara lieben den Winter.

Wer liebt den Winter?   Was holen Ben und Klara?

Was riechen die Kinder?   Wohin laufen sie?

Was machen machen Ben und Klara mit den Armen?

 Was hast du in diesem Kapitel gelernt? Du kannst zum Beispiel
Wörter mit **ie** aufschreiben, die du in der Wörterliste findest.

S. 162 –167

Übungswörter aus dem GWS einzeln und im Textzusammenhang üben;
Wörter mit ie aus dem Text aufschreiben, das ie als Silbenkönig markieren;
Übungswörter identifizieren und aufschreiben; Fragen zum Übungstext beantworten;
Impuls Lerntagebucharbeit

29

Zeit vergeht

1. Der Jahreskreis gibt über vieles Auskunft.
   Was könnt ihr entdecken?

   In der Jahreszeit, in der ich Geburtstag habe, …

2. Beschreibe die Jahreszeit, in der du Geburtstag hast.

3. Findet Antworten auf die Fragen zum Jahreskreis.
   Sachbücher und das Internet helfen euch.
   Oder: Stellt euch gegenseitig eigene Fragen zum Jahreskreis.

Welcher Monat ist der kürzeste? Ahmad	Warum wird es im Winter früher dunkel? Emma	Ist überall auf der Welt zur selben Zeit Sommer? Hannes

sich an Gesprächen beteiligen: einem Jahreskreis Informationen entnehmen;
eine Jahreszeit beschreiben; Fragen zum Jahreskreis beantworten; alternativ eigene Fragen
formulieren; Sachbücher und digitale Medien zum Recherchieren benutzen

S. 169

Geschichten planen

1 Jeder Monat hat etwas Besonderes. Betrachte die Bilder und erzähle.

März

Juli

Oktober

2 Jule hat angefangen, Wörter für ihre Januar-Geschichte zu sammeln.
Schreibe die Wörter ab. Schreibe weitere passende Wörter auf.

Winterwanderung
meine Familie
unser Hund
sehr kalt
frieren
heißer Tee

3 Welcher Monat ist für dich besonders?
Male ein Bild. Schreibe passende Wörter auf.

4 Schreibe deine Monatsgeschichte.
Oder: Schreibe eine Januar-Geschichte.
Die Wörter aus Aufgabe 2
können dir helfen.

5 Gestaltet ein Buch mit
euren Monatsgeschichten.

Januar
Gestern haben wir
einen Winterspaziergang
mit unserem Hund
gemacht. Es war sehr

S. 126

zu einzelnen Monaten erzählen; eine Wörtersammlung kennenlernen und ergänzen;
Geschichten planen: eine eigene Wörtersammlung anlegen, ein Bild dazu malen,
eine Monatsgeschichte schreiben; Geschichten sammeln, ein Geschichtenbuch anlegen

31

Aufzählungen durch ein Komma trennen

1 Schreibe das Lied ab. Male das Satzzeichen
zwischen den Monatsnamen an: Januar, Februar, März, ...

Januar, Februar, März, April,

die Jahresuhr steht niemals still.

Mai, Juni, Juli, August

weckt in uns allen die Lebenslust.

September, Oktober, November, Dezember und dann

fängt das Ganze schon wieder von vorne an.

Rolf Zuckowski

> **Aufzählungen** werden durch ein **Komma** getrennt.
> *Die vier Jahreszeiten heißen Frühling, Sommer, Herbst, Winter.*

2 Bringe die Wochentage in die richtige Reihenfolge.
Denke an das Komma zwischen den Wörtern: Montag, ...

> Dienstag • Sonntag • Mittwoch • Samstag
> Montag • Freitag • Donnerstag

3 Hier ist alles durcheinandergeraten. Ordne die Nomen.
Jahreszeiten: ...
Monate: ...

Herbst	Oktober	September	Frühling	Sommer
Februar	März	Januar	Juni	November
April	Winter	Mai	August	Juli	Dezember

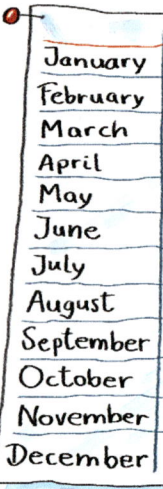

January
February
March
April
May
June
July
August
September
October
November
December

4 Finde zu den deutschen die englischen Monatsnamen.
Übe mit einem Erwachsenen, sie richtig auszusprechen.

Deutsch	Englisch
Januar	January
Februar	...

Namen für Jahreszeiten, Monate und Wochentage üben; den Begriff „Komma" kennenlernen;
Sprachen vergleichen: Gemeinsamkeiten und Unterschiede in Deutsch und Englisch
entdecken (Klang und Aussprache), ◁)) Lied

Zusammengesetzte Nomen

1 Löse die Rätsel. Was fällt dir auf?

Eine Uhr an der Wand ist eine ...
Eine Uhr in einem Turm ist eine ...
Eine Uhr mit Sand ist eine ...

Turmuhr

Wanduhr

Sanduhr

2 Bilde zusammengesetzte Nomen:
der Winter, die Jacke: die Winterjacke, ...

der Winter

der Kopf

das Pferd

das Wasser

der Baum

die Jacke

der Ball

die Schaukel

das Kissen

der Apfel

3 Finde im Text die zusammengesetzten Nomen.
Zerlege sie: der Schneemann: der Schnee, der Mann, ...

Im Lauf des Jahres kommen alle zwölf Monate einmal zu Besuch.

Jeder Monat macht dir ein besonderes Geschenk:

Der Schneemann kommt im Januar.

Im Februar brauchst du die Luftschlange.

Der Fußball rollt wieder im Mai.

Im Juli kletterst du in das Baumhaus.

Der Apfelkuchen schmeckt im September.

Im Dezember ist der Wunschzettel wichtig.

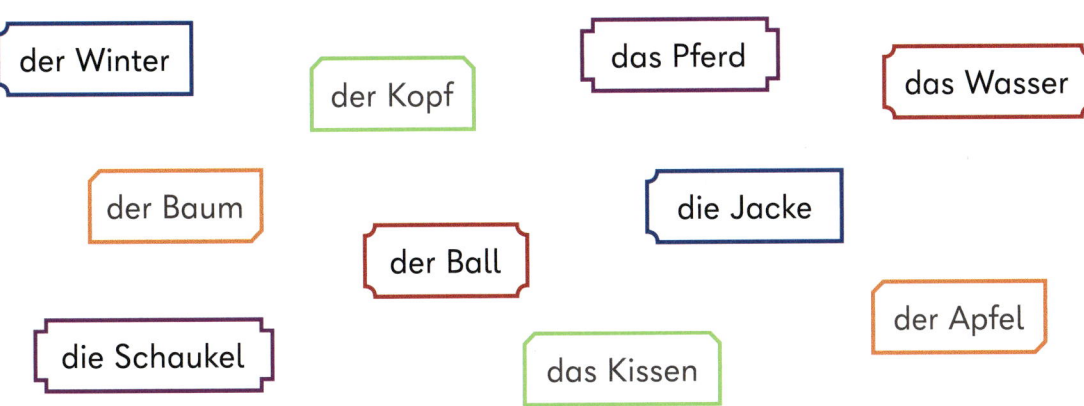

4 Welche Monatsnamen fehlen? Schreibe sie auf.
Finde zu jedem Monatsnamen ein zusammengesetztes Nomen.

zusammengesetzte Nomen kennenlernen (nur Nomen + Nomen); zusammengesetzte Nomen bilden; zusammengesetzte Nomen in einem Text finden und zerlegen; dabei die Monatsnamen wiederholen

Silbenkönige: Zwielaute

1 Lies den Text. Schreibe alle Wörter mit **au**, **ei** und **eu** auf.
Male die Zwielaute an: au: sch<mark>au</mark>en, ...

Ben und Lina schauen sich mit Oma ein Fotoalbum an.

Oma: Das war Opas erstes Auto. Seht mal, seine Augen
          leuchten vor Freude!

Lina: Das ist Mama als Baby. Was hat sie denn da an?

Oma: Das ist ein Kleid aus Italien.

          Das war unsere erste große Reise mit eurer Mama.

Ben: Und da? Was macht Opa auf der Leiter?

Oma: Wir wollten unsere Wohnung neu streichen.

          Doch leider ist der Eimer mit der Farbe umgefallen.

          Der ganze Boden war weiß. Ich kann euch sagen,

          das gab mächtig Streit!

Lina: Das glauben wir dir sofort. (Ben grinst.)

> Man nennt **au**, **eu** und **ei Zwielaute**, weil sie aus zwei Lauten bestehen.
> Auch Zwielaute sind Silbenkönige: *das Auto, neu, das Kleid*

2 Lies die Wörter. Schreibe sie auf und setze dabei **au**, **ei** und **eu** ein.

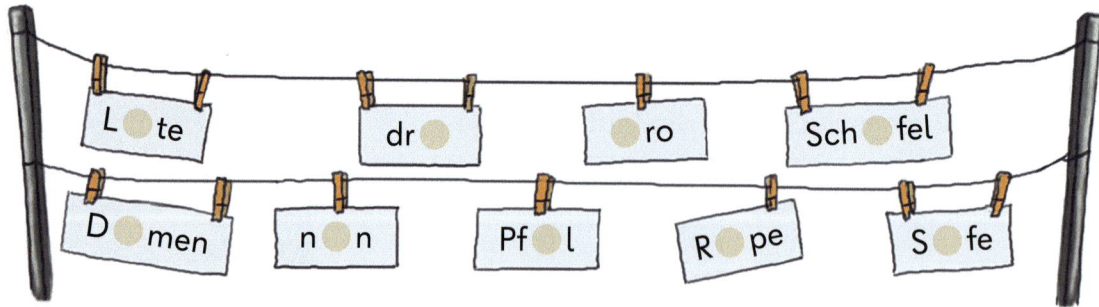

L _ te   dr _   _ ro   Sch _ fel

D _ men   n _ n   Pf _ l   R _ pe   S _ fe

3 Finde jeweils noch drei Wörter mit **au**, **ei** und **eu**.
Du kannst auch in der Wörterliste nachschauen. Schreibe sie auf.
Achte darauf, dass diese Wörter nicht in Aufgabe 1 und 2 vorkommen.

einen Dialogtext lesen und verstehen; Zwielaute als Silbenkönige kennenlernen;
Wörter mit Zwielauten im Text identifizieren; Zwielaute in Wörter einsetzen
und markieren; eigene Wörter mit Zwielauten finden, dabei die Wörterliste
als Hilfe verwenden, ▷ Strategiefilm

S. 86   S. 158

Hier üben wir

1 Übe den Text: ✍️ oder 🫙 oder 👥 oder 🏃.  **Grundwortschatz**

Das Jahr

Die Kinder wollen einen Kalender basteln.
Paul und seine Freunde malen und schreiben.
Zum Januar passt der Schneemann.
Der Eisbecher passt zum Juni.
Hannes bastelt Blumen für den Monat März.
Emma malt für den August eine Sandburg.
Dazu zeichnet sie einen Eimer und eine Schaufel.

🔍 Oskar und Ahmad überlegen: Sollen wir für
den November die Laternen, die Regenwolke
oder die Winterjacke nehmen?

das	Jahr
der	Kalender
die	Freunde
der	Mann
der	Monat
der	März
der	Eimer
die	Schaukel
der	November
	wollen
	nehmen
	oder

2 Schreibe alle Wörter mit den Zwielauten **au**, **ei** und **eu**
aus dem Text auf. Male die Zwielaute an.
☺ Zeichne Silbenbögen. Paul, …

3 Finde im Text alle zusammengesetzten Nomen und zerlege sie:
der Schneemann: der Schnee, der Mann, …

4 Schreibe die Sätze ab. Setze passende Übungswörter ein.

Die Klasse 2b bastelt einen ⚪.
Die Kinder wissen: Das ⚪ hat 12 Monate.
Sie überlegen sich für jeden ⚪ ein Bild.
Alle malen ⚪ basteln etwas.
Oskar und Ahmad wollen die Laternen ⚪.

 Was hast du in diesem Kapitel gelernt?
Du kannst zum Beispiel die Monatsnamen aufschreiben.

S. 162 –167

Übungswörter aus dem GWS einzeln und im Textzusammenhang üben;
Wörter mit Zwielauten erkennen; Silbenbögen zeichnen; zusammengesetzte Nomen zerlegen;
sinnvolle Sätze bilden; Impuls Lerntagebucharbeit

35

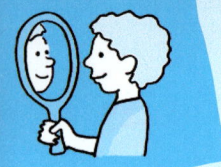

Das bin ich

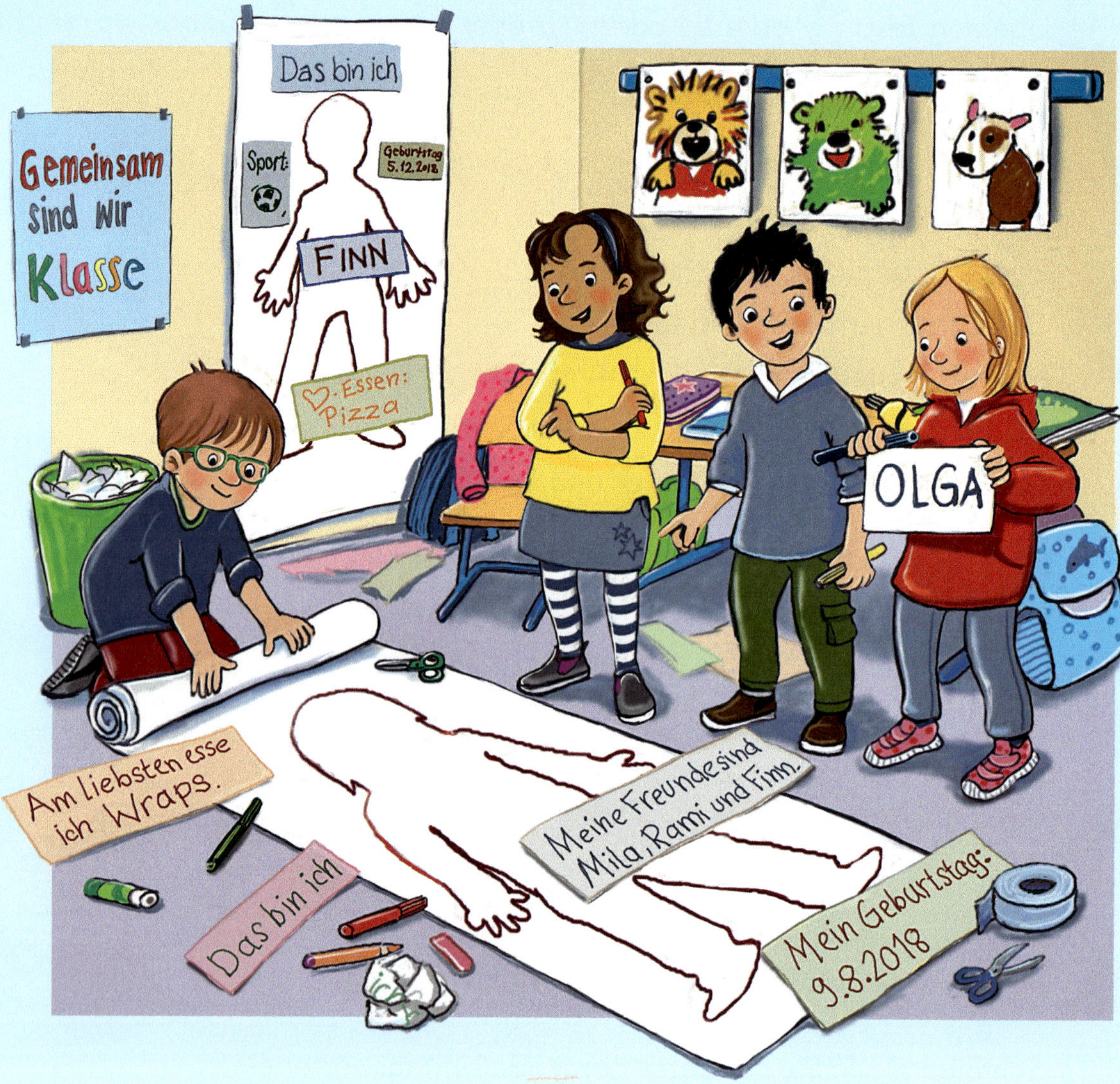

1 Was tun die Kinder? Sprecht darüber.

Ich mag besonders …

2 Was würdest du zu dem Stichwort „Das bin ich“ auf Zettel malen oder schreiben?

Hobby   Lieblingsfarbe   Lieblingstier

Am liebsten spiele ich …

3 Gestaltet ähnliche Bilder von euch.
Vergleicht: Haben alle Kinder ein Lieblingsessen?
Oder: Stelle ein Kind mithilfe seines Bildes vor.

Inhalte präsentieren: ein lebensgroßes Plakat von sich gestalten; über Persönliches wie Vorlieben, Freundschaften, Hobbys informieren; ein anderes Kind mithilfe der Informationen beschreiben, dabei adäquate Sprechstrategien verwenden

Rezepte

1 Finn und seine Schwester bereiten heute ihr Lieblingsessen zu.
Es gibt leckere Wraps. Welche Zutaten haben sie dafür besorgt?

    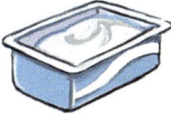

Tortilla-Wraps   Salat   Gurke   Paprika   Frischkäse

2 Schreibe das Rezept geordnet auf. Verwende die Satzanfänge
in der vorgegebenen Reihenfolge.
Zutaten: Tortilla-Wraps, …
Zubereitung: Zuerst wasche ich …

> Wrap (sprich Wräp)
> ist Englisch und
> bedeutet Hülle.

Zuerst …	falte ich den Tortilla-Wrap.
Dann …	bestreiche ich ihn mit Frischkäse.
Danach …	wasche ich das Gemüse und den Salat.
Nun …	nehme ich den Tortilla–Wrap aus der Packung und lege ihn auf einen Teller.
Anschließend …	schneide ich Gurke, Paprika und Salat klein.
Zum Schluss …	lege ich etwas Gemüse und Salat darauf.

Probiere das Rezept aus. So faltest du den Wrap:

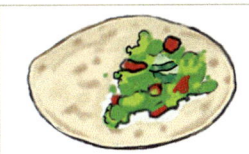   

3 Schreibe ein eigenes Wrap-Rezept mit anderen Zutaten auf.

ein Rezept in der richtigen Reihenfolge aufschreiben, dabei die verschiedenen
Satzanfänge als Hilfe verwenden; das Rezept nach Anleitung erproben;
ein eigenes Rezept aufschreiben, ▷ Sachfilm

Einzahl und Mehrzahl

1 Mila und Olga verkleiden sich gerne.
Wovon haben sie eines, wovon mehrere?
ein/eine: Kleid, ...
mehrere: Tücher, ...

| Kleid | Tücher | Röcke | Ketten | Mantel | Schuhe | Mütze |

> Nomen gibt es in der **Einzahl** und in der **Mehrzahl**.
> Der Artikel in der Mehrzahl heißt immer **die**:
> **der** Schuh – **die** Schuhe, **das** Tuch – **die** Tücher

2 Schreibe die Nomen der Gegenstände in der Einzahl und in der Mehrzahl
in einer Tabelle auf. Benutze die passenden Artikel.

Einzahl	Mehrzahl
die Brille	die Brillen
...	...

> Ein Würstchen? Nein!
> Viele Würstchen!

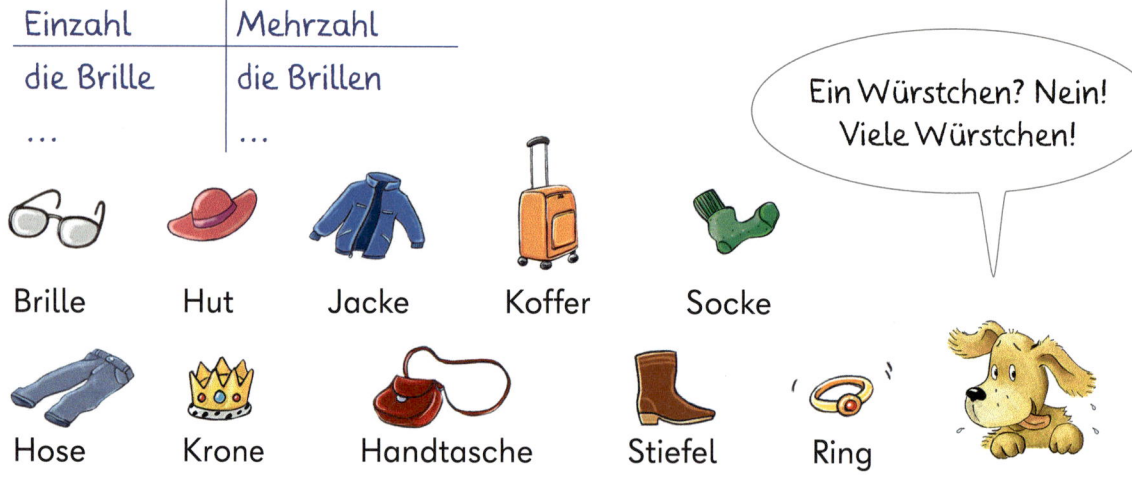

Brille   Hut   Jacke   Koffer   Socke

Hose   Krone   Handtasche   Stiefel   Ring

3 Bastelt zusammen ein Spiel.
Immer eine Einzahlkarte und eine
Mehrzahlkarte bilden ein Paar.
Jedes Kind bastelt ein Kartenpaar.
Spielt damit ein Memo-Spiel
oder denkt euch eigene Regeln aus.

die Hose

die Hosen

der Hut

die Hüte

Einzahl/Mehrzahl kennenlernen; Nomen nach Einzahl und Mehrzahl sortieren
(Liste und Tabelle); Mehrzahlformen bilden; den Artikel „die" als Pluralartikel erkennen;
gemeinsam ein Klassenkartenspiel herstellen

S. 106

Silbenkönige: Umlaute

1   Finn und Olga betrachten Olgas Fotos. Lies den Text.

Finn:	Wer sind die beiden Männer auf dem Foto?
Olga:	Das sind meine beiden Väter, Paul und Marco.
Finn:	Du hast zwei Väter? Wie bei Lilli, die hat zwei Mütter.
Olga:	Ja, meine Mutter hat zweimal geheiratet.
Finn:	Und die Jungen, sind das deine Brüder?
Olga:	Ja, das sind die Söhne von Marco.
Finn:	Ich hätte auch gerne einen Bruder.
Olga:	Glaub mir, Brüder können ganz schön anstrengend sein.

2   Finde zu den Wörtern das passende Wort mit **ä**, **ö** oder **ü** im Text.
Schreibe die Wortpaare auf: der Bruder – die Brüder, …

Bruder   Mutter   Vater   Sohn   Mann

> Man nennt **ä, ö, ü Umlaute**.
> Auch Umlaute sind Silbenkönige:
> *die Väter, die Söhne, die Mütter.*

3   Schreibe jedes Wort mit der Mehrzahl auf. Zeichne Silbenbögen.
Male die Umlaute an: das Buch – die Bücher, …

das Buch   der Knopf   die Frucht   der Platz   der Kopf

die Fr●chte   die Kn●pfe   die B●cher   die K●pfe   die Pl●tze

4   Finde zu jedem Bild das passende Nomen mit einem Umlaut.
Kontrolliere mit der Wörterliste: der Löwe, …

Ableiten: Wörter mit ä und äu

1 Lies den Text.

Am Wochenende haben die Kinder bei Mila übernachtet. In der Nacht haben sie nur wenig geschlafen. Müde sitzen sie jetzt auf der Bank am Frühstückstisch. Milas Mutter gießt Milch in Olgas Glas. Die anderen trinken lieber Saft. Rami packt einen Apfel ein. Danach wollen sie mit dem Rad zum Spielplatz fahren.

2 Finde im Text die verwandten Wörter mit **a**: Nächte – Nacht, …

Nächte   Bänke   Gläser   Säfte   Äpfel   Räder   Spielplätze

> Man schreibt ein Wort mit **ä** oder **äu**, wenn es ein **verwandtes Wort** mit **a** oder **au** gibt: *die Hände – die Hand, läuft – laufen*.

3 Finde in den Sätzen die sieben Wörter mit **ä** oder **äu**.
Suche verwandte Wörter mit a oder au: läuft – laufen, …

Schnell läuft Mila in den Flur und holt ihre Jacke.

An den Gärten vorbei radeln die Kinder zum Spielplatz. Der Wind bläst ihnen ins Gesicht.

Doch wie sieht es dort aus? Blätter und Äste liegen herum. Das Spielhäuschen hat kein Dach mehr.

Rami klatscht in die Hände: „Können wir jetzt losfahren?"

4 Schreibe die Sätze aus Aufgabe 3 in der richtigen Reihenfolge auf.

einen Text lesen und verstehen; Rechtschreibstrategie Ableiten kennenlernen und anwenden, zu Wörtern mit ä verwandte Wörter mit a im Text finden; Wörter mit ä und äu identifizieren und verwandte Wörter mit a und au suchen; Textabschnitte in die richtige Reihenfolge bringen, ▷ Strategiefilm

S. 96   S. 160

Hier üben wir

1 Übe den Text: ✏️ oder 🥛 oder 👥 oder 🏃.　　👤💻 **Grundwortschatz**

Mila hat Geburtstag

Mila wohnt in einem alten Haus. Vor dem Fenster
stehen hohe Bäume. Heute feiert Mila ihren achten
Geburtstag. Am Nachmittag kommen die Gäste.
Alle wünschen Mila Glück. Mila freut sich über
viele Geschenke.

🔍 Sie hat eine Flöte, ein Buch,
eine Mütze, eine Tüte Gummimäuse
und einen Fußball bekommen.

Grundwortschatz
der Geburtstag
das Fenster
die Bäume
die Gäste
das Glück
die Geschenke
die Mütze
wohnt
stehen
feiert
kommen
wünschen
heute
acht

2 Suche zu diesen Wörtern ein verwandtes Wort
mit **a** oder **au**. Schreibe die Wortpaare auf.
die Häuser – das Haus, …

Häuser　　Bäume　　Gäste　　Gummimäuse　　Fußbälle

3 Schreibe die Nomen mit ihrem Artikel in der Einzahl
und in der Mehrzahl auf: das Fenster – die Fenster, …

Fenster　　Geburtstag　　Flöte　　Geschenk　　Buch　　Mütze　　Tüte

4 Welche Sätze passen zum Text? Schreibe die richtigen Sätze auf.

Mila feiert　　　　　　　　　　　Finns Geburtstag / ihren Geburtstag.

Sie bekommt　　　　　　　　　　fünf Geschenke / einen Brief.

Mila wohnt　　　　　　　　　　in einem Zelt / in einem alten Haus.

Vor dem Fenster stehen　　　　　viele Autos / hohe Bäume.

📖 Was hast du in diesem Kapitel gelernt? Du kannst zum Beispiel
dein Lieblingsrezept aufschreiben.

S. 162
–167

Übungswörter aus dem GWS einzeln und im Textzusammenhang üben;
Ableiten: nach verwandten Wörtern suchen; Nomen mit Artikel in der Einzahl
und Mehrzahl aufschreiben; zum Übungstext passenden Sätze bilden;
Impuls Lerntagebucharbeit

41

Ich mache mit

1 Welche Aktionen machen die Kinder gemeinsam?
Beschreibt, was ihr auf den Bildern erkennt.

2 Überlegt gemeinsam:
Was können Kinder für den Umweltschutz tun?
Was können Kinder für andere tun?

3 Gestaltet mit euren Ideen zum Umweltschutz
ein Plakat und stellt es in eurer Schule aus.
Oder: Plant eine Aktion, mit der ihr anderen
eine Freude macht.

sich an Gesprächen beteiligen, zu Bildern erzählen; über Umweltschutz und Engagement
sprechen; eigene Ideen und Erfahrungen einbringen, sich zu den Gedanken anderer äußern;
Themen: Schulweg, Müll, soziale Aktivitäten; ein Plakat zum Thema Umweltschutz gestalten,
alternativ eine gemeinsame Aktion planen

Texte überarbeiten

1 Lest Paulas Geschichte.
Wie gefällt euch die Geschichte?

Jeden Morgen laufe ich mit
meinen Freunden zur Schule.
Dann habe ich wie immer auf sie gewartet.
Dann hat es angefangen zu regnen.
Dann hatte ich meinen Regenschirm vergessen.
Dann bin ich schnell ins Haus gelaufen.
Dann habe ich den Schirm überall gesucht.
Dann habe ich ihn gefunden.
Dann haben meine Freunde auf mich gewartet.

2 Was könnte Paula besser machen?

3 Schreibe die Geschichte auf.
Verwende unterschiedliche Satzanfänge.

Jeden Morgen laufe ich mit meinen Freunden
zur Schule. Gestern habe ich …

4 Vergleicht eure Ergebnisse.
Welche Satzanfänge passen besonders gut?

Satzanfänge

Jeden Morgen

Endlich

Zum Glück

Plötzlich

Leider

Auf einmal

Später

Zuerst

Gestern

Sofort

Dort

5 Schreibe die Sätze ab. Setze dabei passende Satzanfänge ein.

- ⬤ wollten wir Kuchen verkaufen.
- ⬤ haben wir alles aufgebaut.
- ⬤ kam ein Hund angerannt.
- ⬤ war er nicht an der Leine.
- ⬤ schnüffelte er an unseren Sachen.
- ⬤ kam der Besitzer gleich.

Probiere verschiedene
Satzanfänge aus.

unterschiedliche Satzanfänge als erzählerisches Mittel kennenlernen;
verschiedene Satzanfänge erproben;
Texte mit unterschiedlichen Satzanfängen schreiben

Wortbausteine

1 Bilde mit den Wortbausteinen neue Verben.
Schreibe sie auf: überlaufen, ...

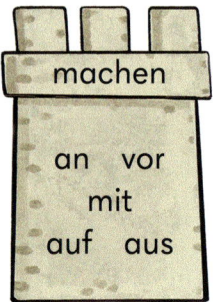

2 Schreibe die Sätze mit den passenden Verben auf.

mit   aus   ein   auf

Mein Pausenbrot kann ich in einer Dose ●nehmen.
Den Müll müssen wir ●sammeln.
Wasser sollen wir ●sparen.
Das Licht kann ich ●machen.

3 Schreibe die Sätze mit den passenden Verben auf.

Beim Fußballspiel kann man ●.
Mit einer Flöte kann ich ●.

Der Bus wird gleich ●.
Der Autofahrer hat sich ●.

Das Geschenk muss ich ●.
Meinen Koffer muss ich noch ●.

abfahren
mitspielen
auspacken
verfahren
einpacken
vorspielen

4 Wer findet die meisten Wortbausteine zu **geben** und **ziehen**?
angeben, ...

mit Wortbausteinen neue Verben bilden, Veränderung der Wortbedeutung
durch Wortbausteine erfahren und in Sinnzusammenhängen anwenden;
passende Wörter mit Wortbausteinen in Lückentext einsetzen

S. 118

Wörter mit aa, ee und oo Ⓜ

1 Schreibe die Sätze ab. Setze dabei die passenden Wörter in die Lücken ein: Mit der Waage …

Mit der ⬤ wiege ich das Mehl ab.

Der ⬤ wächst auf der Wiese.

Tiere kannst du im ⬤ sehen.

Die ⬤ kommt im Märchen vor.

Im Wald findest du das ⬤.

Lottas ⬤ sind sehr lang.

Waage

Moos

Zoo

Fee

Klee

Haare

2 In welches Tor musst du die Bälle schießen? Schreibe die vollständigen Wörter auf. Male den doppelten Selbstlaut an: Klee, …

ee

aa

oo

3 Bilde zusammengesetzte Nomen mit See, Boot und Haar: Seerose, …

4 Wie viele zusammengesetzte Nomen mit **Beere** findest du?
Himbeere, …

Merkwörter mit Doppelvokalen kennenlernen und in einen Text einsetzen; Lösungswörter mit Doppelvokalen finden; mithilfe von Bildern zusammengesetzte Nomen mit Doppelvokalen bilden, ▷ Strategiefilm, ▷ Lesen mit Unterstützung, ▷ Wortschatz

45

Wörter mit Sp/sp und St/st

1 Lies die Zungenbrecher. Sprich sie schnell und ohne Fehler.

> Mein Spitzer spitzt Stifte spielend spitz. Spielend spitz spitzt mein Spitzer Stifte.

> Der Stier läuft über Stock und Stein, schon stundenlang und ganz allein.

2 Schreibe den Zungenbrecher ab. Male **Sp/sp** und **St/st** in verschiedenen Farben an: Auf <mark>st</mark>einigen …

> Auf steinigen Straßen stoßen spitze Stiefel stets an spitze Steine.

> Am Wortanfang spricht man **schp** und **scht**, man schreibt aber **Sp/sp** und **St/st**: *die Spinne, spielen der Stein, stehen*

3 Schreibe die Wörter richtig auf. Ergänze **Sp** oder **St** und **sp** oder **st**.

St/st: Stift, … Sp/sp: Sport, …

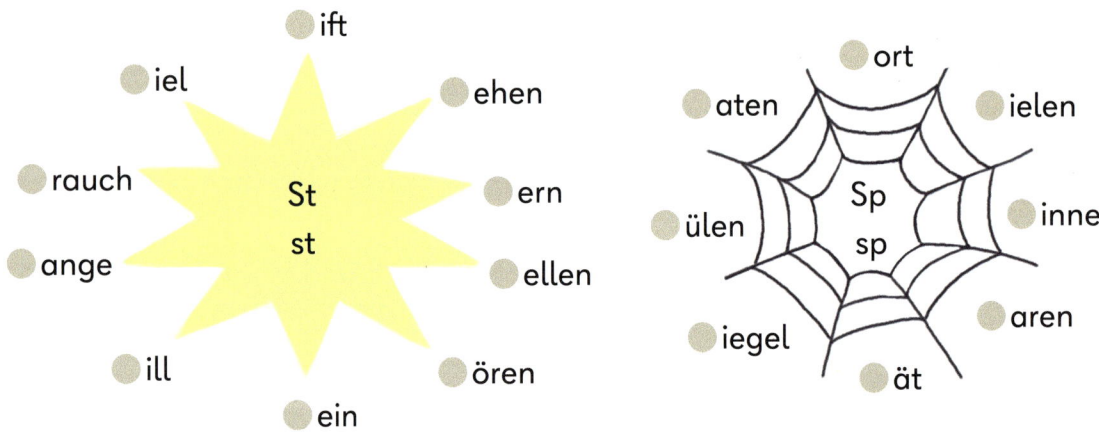

St
st

- ift
- iel
- ehen
- rauch
- ern
- ange
- ellen
- ill
- ören
- ein

Sp
sp

- ort
- aten
- ielen
- ülen
- inne
- iegel
- aren
- ät

4 Löse die Rätsel. Finde die passenden Wörter mit **Sp** und **St**. Schreibe eigene Rätsel zu Wörtern mit **Sp/sp** und **St/st**.

> Welches Tier hat acht Beine?

> Wie nennt man einen starken Wind?

Zungenbrecher mit Sp/sp und St/st üben; Sp/sp und St/st am Wortanfang einsetzen; Rätsel lösen, ▷ Strategiefilm

S. 92   S. 158

Hier üben wir

1 Übe den Text: ✍ oder 🥫 oder 👥✍ oder 🏃. 　　👤🖥 **Grundwortschatz**

Alle helfen mit

Am Sonntag lassen wir unsere Eltern ausschlafen.
Dafür müssen wir etwas früher aufstehen.
Zuerst muss ich meine kleine Schwester anziehen
und ihr die Haare kämmen. Mein Bruder Amir
versorgt unsere Hasen. Nun können wir das
Frühstück vorbereiten. Amir kocht Tee.
Wir stellen Tassen und Teller auf den Tisch.

🔍 Später wollen wir abstimmen: Machen wir
einen Spaziergang zum Spielplatz am See
oder fahren wir in den Zoo?

der	Sonntag
die	Eltern
die	Schwester
die	Haare
der	Bruder
der	Spaziergang
der	Tee
der	See
der	Zoo
	helfen
	aufstehen
	stellen

2 Wie heißen die Wörter aus dem Übungstext: See, ...

See　kämmen　Frühstück　Tee　Haare　Eltern　Zoo　vorbereiten

3 Bilde aus den Silben Wörter. Male **Sp/sp** und **St/st** an: Spielplatz, ...

Spiel　spä　ste　Spa　stel
ter　zier　platz　gang　len　hen

> Welches Wort hat drei Silben?

4 Welche Sätze passen zum Text? Schreibe die richtigen Sätze auf.

Die Kinder müssen früher　　　　aufstehen • anstehen.
Sie wollen das Frühstück　　　　vorbereiten • zubereiten.
Die Eltern können　　　　einschlafen • ausschlafen.

📖 Was hast du in diesem Kapitel gelernt? Du kannst zum Beispiel
Wörter mit aa, ee, oo aufschreiben.

S. 162 –167

Übungswörter aus dem GWS einzeln und im Textzusammenhang üben;
Wörter mit Sp/sp und St/st aus Silben zusammensetzen; Veränderung
der Wortbedeutung durch Vorsilben berücksichtigen; Impuls Lerntagebucharbeit

47

Im Frühling

1 Erzählt zu dem Bild. Was entdeckt ihr?

2 Was gefällt euch am Frühling?

> Endlich kann ich draußen wieder …

3 Sammelt Stichwörter zum Thema Frühling an der Tafel.
Gestaltet mit den Frühlingswörtern eine schöne Frühlingsseite.
Oder: Schreibe auf, was sich im Frühling in der Natur alles verändert.

Beobachtungen wiedergeben: ein Bild beschreiben; über die Veränderungen in der Natur
sprechen; Stichworte zum Frühling sammeln; eigene Vorlieben und Gefühle beschreiben;
eine Textseite für eine Präsentation gestalten, ▷ Sachfilm

Gedichte schreiben

1 Lest die Gedichte mit Betonung vor.

Frühling

Endlich draußen

Es ist warm

Ich tobe ohne Jacke

Toll

Hoch

Immer höher

Wind im Gesicht

Es kribbelt im Bauch

Schaukeln

2 Warum nennt man diese Gedichte Elfchen?
Erkläre es mit dem Bauplan in der Wolke.

3 Schreibe das Elfchen in dein Heft. Setze dabei die fehlenden Zeilen ein.

März

Schönes Wetter

— — —

— — — —

—

Darauf musst du achten:

- Das erste und das letzte Wort
  sind am wichtigsten.
- Jede Zeile nimmt
  einen neuen Anlauf.

Frühling   Knospen öffnen sich   Bienen summen und brummen

4 Schreibe ein Elfchen mit diesen Wörtern.

Freunde treffen   Es ist länger hell

Frühlingszeit   Im Park spielen   Spaß

Kannst du auch ein
Tier-Elfchen schreiben?

5 Schreibe ein eigenes Elfchen.

Adjektive kennenlernen

1 Luna und Kerem sind unterwegs. Beschreibt ihre Fahrräder.

2 Ordne die Adjektive den Fahrrädern zu.
Schreibe Sätze: Lunas Fahrrad ist …

rot	blau	groß	klein	schmutzig	sauber

> Wörter, die sagen, wie etwas ist, nennt man **Adjektive**:
> *klein, groß, rot.*

3 Finde die Gegensätze. Schreibe sie so auf: schnell – langsam, …

schnell	neu	leicht	kalt	groß	laut
klein	langsam	alt	schwer	leise	warm

4 Welche Adjektive passen zu den Nomen?
Wähle aus und schreibe Sätze.
Der Himmel ist blau. Oder: Die Kinder sind fröhlich.

Der Himmel
Die Kinder
Das Eis
Die Federn
Der Frosch
Die Blumen

ist
sind

bunt   laut
kalt   lecker
schnell groß
grün   leicht
klein   alt
fröhlich blau

Wortart Adjektive kennenlernen: Adjektive zuordnen, Gegensatzpaare bilden,
mit Adjektiven beschreiben, ▷ Wortschatz

Adjektive verwenden

1 Beschreibe die Kinder. Verwende Adjektive.

2 Schreibe die Sätze ab. Setze dabei die passenden Adjektive ein.
Markiere die Unterschiede. Kerem ist groß. Er ist der große Junge.

Kerem ist ⚬. Er ist der ⚬ Junge.	groß	große
Seine Hose ist ⚬. Die ⚬ Hose hat ein Loch.	lang	lange
Das T-Shirt ist ⚬. Er trägt ein ⚬ T-Shirt.	grau	graues
Sein Fahrrad ist ⚬. Er hat ein ⚬ Fahrrad.	sauber	sauberes

Luna ist ⚬. Sie ist das ⚬ Mädchen.	klein	kleine
Die Hose ist ⚬. Die ⚬ Hose gefällt ihr.	kurz	kurze
Ihre Jacke ist ⚬. Die ⚬ Jacke hat viele Knöpfe.	blau	blaue
Ihr Korb ist ⚬. Sie trägt einen ⚬ Korb.	rund	runden

> Mit **Adjektiven** kann man genau beschreiben:
> *der Junge – der **große** Junge*

> Beschreibt euch gegenseitig.

3 Finde passende Adjektive:
Beschreibe, wie das Kind mit dem Roller aussieht.
Oder: Beschreibe, wie das Kind mit dem Skateboard aussieht.

mit Adjektiven beschreiben: Adjektive in Sätzen verwenden und
die veränderten Wortendungen markieren

Merkwörter mit V/v

1 Schreibe aus dem Text alle Wörter mit **V** oder **v** auf.
Male das **V** oder **v** farbig an: Vera, ...

Heute ist Vera mit ihrem Vater verabredet.
Sie wollen zusammen in einen Vogelpark gehen.
Doch vorher essen sie noch ein Eis. Viele Kinder
warten vor dem Eiswagen. Am liebsten möchte Vera
von jeder Sorte probieren. Sie versucht vier Kugeln.
Später beobachten die beiden viele Vögel. Plötzlich
verschwindet ein kleiner Vogel in einer Baumhöhle.

2 Bilde Wörter mit den Wortbausteinen **vor** und **ver**: vorspielen, ...

| vor | ver |

spielen   raten   lassen   suchen   stehen

sprechen   lesen   schreiben   laufen   brauchen

3 Wie klingt das **V/v**? Sprich die Wörter.
Ordne sie in die Tabelle.

Vor- und ver-
schreibt jeder Herr
und jede Frau
mit Vogel-V.

V/v wie 🐦	V/v wie 🧛
der Vogel	der Vampir
...	...

der Vogel • der Vampir • die Vase • vier • der Vulkan • von
versuchen • vor • viele • das Klavier • das Verb • der Advent

Rechtschreibstrategie Merkwörter kennenlernen; Wörter mit V/v aus einem Text
herausschreiben; Verben mit den Vorsilben vor- und ver- bilden; Wörter mit V/v
nach Klang sortieren, ▷ Strategiefilm, ▷ Wortschatz, ▷ Lesen mit Unterstützung

S. 100   S. 161

Hier üben wir

1 Übe den Text: 👤✏️ oder 🖐️ oder 👥✏️ oder 🏃.   👥🗄️ **Grundwortschatz**

Frühling im Park

Heute ist es endlich warm. Tom ist mit
seiner Familie im Park. Der Himmel ist blau.
Es blühen viele Sträucher. Dort bauen Vögel
ihre Nester. Tom spielt mit vier Kindern Fußball.
Seine Mutter steht im Tor. Sein Vater und
seine kleine Schwester Vera schauen zu.
Tom rennt schnell mit dem Ball vor das Tor,
schießt und trifft! Alle jubeln laut.

🔍 Langsam wird es dunkel. Bald müssen alle
nach Hause. Es war ein schöner Tag im Park.

Grundwortschatz
der Frühling
die Familie
der Himmel
die Sträucher
die Vögel
der Vater
blühen
spielt
trifft
laut
dunkel
viele
vier
vor

2 Schreibe alle Wörter mit **V/v** aus dem Text auf.
Ⓜ In einem Wort klingt das **V** wie **W**. Unterstreiche es.
viele, …

3 Finde die Adjektive im Text. Schreibe sie auf.
warm, …

4 Welche Sätze passen zum Text? Schreibe die richtigen Sätze auf:
Heute ist es endlich warm.

Heute ist es	endlich warm. • wieder kühl.
Die Vögel bauen ihre Nester	in den Sträuchern. • in den Bäumen.
Tom spielt mit vier Kindern	Tischtennis. • zusammen Fußball.
Er stürmt vor das Tor	und trifft. • und stürzt.

📖 Was hast du in diesem Kapitel gelernt?
Du kannst zum Beispiel ein eigenes Elfchen schreiben.

S. 162
–167

Übungswörter aus dem GWS einzeln und im Textzusammenhang üben;
Merkwörter mit V/v aufschreiben; Adjektive im Text finden und aufschreiben;
aus Satzteilen zum Text passende Sätze bilden; Impuls Lerntagebucharbeit

53

So ein Theater

1 Was seht ihr auf dem Bild? Was machen die Kinder?

2 Hast du schon einmal eine Vorführung mit einem Kamishibai (sprich Kamieschiebei) erlebt? Erzähle davon.
Oder: Erkläre mithilfe des Bildes und der Stichworte, was ein Kamishibai ist und was man damit machen kann.

kommt aus Japan   bedeutet Papiertheater   Rahmen für Bilder

eine Geschichte erzählen   verschiedene Sprecher

Bilder zu der Geschichte malen und zeigen

ein Kamishibai kennenlernen; von eigenen Erfahrungen berichten;
alternativ Bild und Stichwörter zur Beschreibung nutzen

Eine Kamishibai-Aufführung

1 Gina und Amir berichten von ihrer Kamishibai-Aufführung.
Lest ihren Bericht.

Zuerst haben wir Gruppen gebildet.
Gemeinsam haben wir uns eine Geschichte
ausgesucht. Wir haben die Geschichte in
einzelne Abschnitte eingeteilt. Dann haben wir
zu jedem Abschnitt ein passendes Bild auf
Tonkarton gemalt. Bei jedem Bild mussten wir
einen Rand lassen. Außerdem haben wir auch
ein Titelbild mit der Überschrift und ein Bild
mit ENDE für den Schluss gemalt.
Wir haben die Bilder auf der Rückseite nummeriert.
Dann haben wir sie in der richtigen Reihenfolge
ins Kamishibai gelegt, das Titelbild ganz vorne.
Zum Schluss haben wir geübt, die Geschichte
gut vorzulesen.

Bei unserer Vorführung hat ein Kind die Bilder gezeigt.
Die anderen Kinder haben die passenden Texte zu
den Bildern vorgelesen.

2 Was müsst ihr tun, wenn ihr eine Geschichte
im Kamishibai aufführen wollt?
Überlegt gemeinsam.
Schreibt die Arbeitsschritte auf.
1. Gruppe bilden
2. Geschichte aussuchen
3. …
4. …
…

Auf Seite 56 findet ihr
eine Geschichte für eure
Kamishibai-Vorstellung.

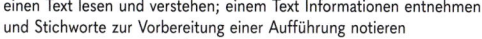

einen Text lesen und verstehen; einem Text Informationen entnehmen
und Stichworte zur Vorbereitung einer Aufführung notieren

55

Eine Geschichte für das Kamishibai

Aus den Abschnitten könnt ihr eure Geschichte zusammensetzen,
die ihr später im Kamishibai vorstellen wollt.

1 Lest zuerst die Abschnitte von links nach rechts.

Es war einmal ...

... ein fröhliches Kind.

... ein altes Männlein.

... ein armes Mädchen.

Das lebte ...

... in einer dunklen, feuchten Höhle.

... allein in einem großen Schloss.

... mit den Eltern in einer Hütte.

Eines Tages ging es in den Wald,
um Beeren zu sammeln.
Dabei fand es ...

... einen goldenen Tannenzapfen.

... ein verletztes Reh.

... eine glänzende rote Kugel.

„Was liegt denn da?",
rief es verwundert.

Es berührte seinen Fund mit
der Hand. Da verwandelte sich
dieser plötzlich ...

... in einen Glücksdrachen.

... in einen wunderschönen Prinzen.

... in einen freundlichen Riesen.

„Wie kommst du denn hierher?",
fragte es erstaunt.

Der sprach: „Du hast mich erlöst,
deshalb ...

... lebe mit mir in meinem Schloss."

... hast du drei Wünsche frei."

... schenke ich dir einen Schatz."

Es freute sich sehr und wenn es nicht
gestorben ist, dann ...

... lebt es noch heute.

... ist es glücklich und zufrieden.

... freut es sich jeden Tag.

2 Wählt aus jedem Abschnitt eine Möglichkeit aus.
Probiert verschiedene Möglichkeiten.

Textabschnitte lesen und verstehen; aus Märchenbausteinen
einen eigenen Text zusammensetzen; Textkohärenz beachten

3 Entscheidet euch dann in jedem Abschnitt
für die Möglichkeit, die euch am besten gefällt.

Schreibt eure Geschichte auf.
Findet eine passende Überschrift.

4 Malt für euer Märchen zu jedem Textabschnitt
ein Bild für euer Kamishibai.
Beachtet die Arbeitsschritte von Seite 55.

5 Verteilt die Aufgaben:
Wer zeigt die Bilder?
Die Bilder werden in das Kamishibai eingelegt.
Ein Kind zieht die Bilder heraus, damit das nächste Bild zu sehen ist.
Wer erzählt zu den Bildern?

6 Übt euren Vortrag:
Sprecht langsam, laut und deutlich.
Gebt euch gegenseitig Rückmeldung.

7 Ihr könnt eure Geschichte auch mit Musik
oder Geräuschen ergänzen.

Jetzt kann eure Vorstellung beginnen.
Viel Spaß!

8 Ihr könnt euch auch eine eigene Geschichte aussuchen
oder ausdenken und sie im Kamishibai vorstellen.

den Märchentext aufschreiben; eine Überschrift finden; passende Bilder malen; Texte und
Bilder zur Veröffentlichung aufbereiten; die Aufführung vorbereiten und Aufgaben verteilen;
den Vortrag üben, dabei einander Rückmeldungen geben; Texte sinngestaltend vortragen

Natur entdecken

1 Hast du dir schon einmal eine Wiese genauer angeschaut?
Was kannst du dort entdecken? Erzähle.

2 Es gibt verschiedene Arten von Wiesen.
Erkläre die Begriffe mithilfe der Abbildungen.

Liegewiese   Streuobstwiese   Feuchtwiese

3 Auf Wiesen kann man viele Tiere und
Pflanzen beobachten. Was findest du
besonders interessant? Begründe.
Oder: Welche Arten von Wiesen gibt es noch?
Suche dir eine Wiese aus und stelle sie vor.
Sammle Informationen in Sachbüchern oder im Internet.

Benutze Kindersuchmaschinen: blinde kuh, fragFINN, helles-koepfchen.

> Besonders
> interessant finde ich
> die Libellen, weil…

Sachverhalte beschreiben: Begriffe mithilfe der Abbildung erklären; Informationen
aus dem Bild entnehmen; eigene Meinung äußern und begründen; Sachbücher und
digitale Medien zum Recherchieren benutzen, Informationen sammeln und vortragen

 S. 169

Bildergeschichten aufschreiben

1 Betrachtet die Bilder genau. Was passiert beim Picknick?

Picknick • Decke • auspacken

später • spielen • Klettball

Reste • Ameisen • krabbeln

Durst • kommen zurück

2 Erzählt die Geschichte gemeinsam. Die Stichworte helfen euch.

3 Schreibe die Geschichte auf. Gib den Personen Namen.

4 Überlege dir eine passende Überschrift oder wähle aus.

Hilfe! Ameisen!   Unser Picknick   Ameisenalarm!   Überraschung

S. 130   S. 154   mithilfe von Stichworten eine Bildergeschichte erzählen; eine Bildergeschichte aufschreiben; Personennamen und eine passende Überschrift finden

59

Verkleinerungsformen

1 Lies den Text.

Mila und Emil haben ein kleines Gärtchen angelegt. Sogar ein Bächlein schlängelt sich hindurch. Dazu haben die Kinder kleine Steinchen blau angemalt. Aus Knetgummi haben sie winzige Fröschlein und bunte Fischlein geformt. Mit kleinen Stöckchen haben sie einen Zaun gestaltet.
Dann haben sie verschiedene Samen ausgesät.
Bald zeigen sich die ersten Blättchen.
Nach einiger Zeit sind aus den zarten Pflänzchen kräftige Pflanzen geworden.

2 Schreibe den Text ab. Unterstreiche alle Wörter mit **-chen** rot. Unterstreiche alle Wörter mit **-lein** blau.

3 Schreibe die unterstrichenen Wörter auf. Finde zu jeder Verkleinerungsform das passende Wort.
das Gärtchen – der Garten, ...
das Bächlein – der Bach, ...

> Aus a, o, u werden in der Verkleinerungs-form ä, ö, ü.

4 Bilde die Verkleinerungsform. Schreibe die Wörter auf.
der Wurm – das Würmchen, ...
der Ring – das Ringlein, ...

 **-chen**

 **-lein**

Wurm • Topf • Teller
Haus • Apfel • Bett • Maus

Ring • Dach • Tuch
Wurm • Buch • Maus • Weg

einen Text lesen und verstehen: ein Mini-Gärtchen kennenlernen;
Verkleinerungsformen -chen und -lein kennenlernen, herausschreiben
und selbst bilden, ▷ Lesen mit Unterstützung

Wortstamm und Wortfamilie

1 Schreibe die Wörter auf.
Unterstreiche den Wortstamm **Pflanz/pflanz**.

einpflanzen

der Pflanzenname

das Pflanzenbuch

die Giftpflanze

die Topfpflanze

die Pflanze

umpflanzen

pflanzen

Pflanz/pflanz

der Pflanzenschädling

> Jedes Wort hat einen **Wortstamm**, der meist gleich bleibt.
> Wörter mit dem gleichen Wortstamm bilden eine **Wortfamilie**:
> *ein**pflanz**en, die Topf**pflanz**e, der **Pflanz**enname.*

2 In jeder Reihe passt ein Wort nicht. Schreibe nur die passenden Wörter.
Unterstreiche die Wortstämme: **Mal/mal   Bau/bau   Lauf/lauf**

malen   die Malerin   anmalen   bunt   bemalt

bauen   der Bau   das Dach   baufällig   umbauen

laufen   der Wettlauf   rennen   weglaufen   das Laufrad

3 Finde zu den Wortstämmen noch mehr Wörter. Schreibe sie dazu.

4 Suche dir einen eigenen Wortstamm und schreibe eine Wortfamilie dazu.

Schwierige Buchstabenverbindungen

1 Ordne die Wörter nach den Endungen **-el**, **-en**, **-er**.
Zeichne Silbenbögen und male die Silbenkönige an.
-el: Nudel, … -en: Besen, … -er: Leiter, …

Nudel	Besen	Leiter	Boden
Daumen	Ampel	Körper	Eimer
Käfer	Gabel	Regen	Wurzel
Flügel	Kissen	Stiefel	Meter

> Jede Silbe hat einen Silbenkönig. Bei den Endungen -en, -el, -er hört man das e oft nicht gut.

2 Schreibe die Sätze mit dem richtigen **Qu/qu**-Wort auf.
Ein Feuer …

Quark　Qualm　Qualle　quaken　bequem　überqueren

Ein Feuer verursacht viel ⬤.　　Eine ⬤ lebt im Meer.

⬤ wird aus Milch hergestellt.　　Im Teich ⬤ die Frösche.

Viele Fußgänger ⬤ die Straße.　　Das neue Sofa ist sehr ⬤.

3 Setze die Silben zu Wörtern zusammen. Die Bilder helfen dir.
Sprich die Wörter deutlich und achte auf den Anfangsbuchstaben.
Plakat, …

Pla	Dra	Trep	Kro	Glä	Blu	Drei	Bro	Trak
pe	kat	tor	ne	che	eck	ser	te	me

 in Wörtern mit unbetontem e (e-Schwa) bei -el, -en, -er Vokale markieren; Wörter mit Qu/qu richtig einsetzen; Wörter mit Konsonantenhäufungen am Wortanfang zusammensetzen und schreiben, ▷ Strategiefilme S. 94　S. 158

Hier üben wir

1 Übe den Text: ✍️ oder 🖐️ oder 👥 oder 🏃. 👤💻 **Grundwortschatz**

Auf der Wiese

Heute ist Mila mit ihrer Klasse auf einer Wiese.
Viele kleine Tiere leben dort. Die Kinder
beobachten Käfer, Bienen und Ameisen.
Eine Amsel sucht Futter. Im Gras findet
der Vogel viele Würmer. Ein kleines Häslein
hoppelt hinter einen Strauch. Mila möchte gerne
Blümchen pflücken und mit nach Hause nehmen.

🔍 Aber Emil findet das nicht gut. Die Insekten
brauchen die Blüten als Nahrung.

der Käfer
die Bienen
die Ameisen
die Amsel
das Gras
der Vogel
die Würmer
der Strauch
die Blüten
möchte
leben
brauchen
gern

2 Finde im Text alle Nomen mit **-er, -el, -en**.
Schreibe sie auf. Zeichne Silbenbögen.
-er: die Kinder, … -el: die Amsel, … -en: die Bienen, …

3 Sortiere die Wörter nach den drei Wortfamilien.
Wortfamilie 1: … Wortfamilie 2: … Wortfamilie 3: …

suchen • brauchen • leben • der Versuch • das Leben • sie braucht
aussuchen • erleben • gebraucht • sie sucht • der Verbrauch • lebendig

3 Bilde die Verkleinerungsform mit **-chen** oder **-lein**: Kinder – Kinderlein, …

Kinder   Käfer   Biene   Amsel

Vogel   Wurm   Blume   Hase

Manchmal geht beides.

📖 Was hast du in diesem Kapitel gelernt? Du kannst zum Beispiel
Wörter zur Wortfamilie **Schul/schul** aufschreiben.

Übungswörter aus dem GWS einzeln und im Textzusammenhang üben; Nomen mit -el, -en, -er
im Text finden; Wörter nach Wortfamilien sortieren; Verkleinerungsformen mit -chen und -lein
bilden; Impuls Lerntagebucharbeit

Alle nutzen Medien

Stau auf der …

Ich nutze ein Tablet zum …

1 Mit Medien kann man sich informieren oder austauschen.
Welche Medien sind hier abgebildet?

2 Wofür kann man diese Medien nutzen?

hören   recherchieren   in einer Lern-App arbeiten   …

3 Suche dir ein Partnerkind. Erzählt euch gegenseitig,
welche Medien ihr zu Hause benutzt.
Oder: Führt eine Befragung durch, wie oft Kinder in eurer Klasse
welche Medien nutzen dürfen.

sich an Gesprächen beteiligen, zu Bildern erzählen; unterschiedliche Medien erkennen
und über ihre Nutzung sprechen; sich über die eigene Mediennutzung austauschen;
eine Umfrage zum Thema Medien durchführen

Texte vortragen

1 Lara hat einen Text zum Thema Medien für einen Vortrag vorbereitet. Wichtige Wörter hat sie unterstrichen. Mit einem Strich hat sie Stellen markiert, an denen sie eine Pause machen möchte.

Was sind <u>Medien</u>? |
Menschen nutzen verschiedene <u>Medien</u>. | <u>Medien</u> sind <u>Mittel</u>, | um sich zu <u>informieren</u> oder <u>auszutauschen</u>. | Dazu zählen das <u>Telefon</u>, der <u>Brief</u> und die <u>E-Mail</u>. | Manche Medien nennt man auch <u>Massenmedien</u>, | denn damit werden <u>viele</u> Menschen <u>gleichzeitig</u> erreicht.

Zu den Massenmedien gehören das Fernsehen, das Internet oder die Zeitung. Bücher und Zeitungen sind Medien, die man lesen kann. Das Radio oder Hörbücher kann man nur hören. Andere Medien kann man hören und sehen.

2 Übe, den ersten Abschnitt vorzulesen. Betone die unterstrichenen Wörter. Mache Pausen an den markierten Stellen.

3 Schreibe den zweiten Teil des Textes ab. Bereite diesen Text so vor, wie Lara es gemacht hat.

4 Vergleicht eure Ergebnisse. Welche Wörter habt ihr unterstrichen?

5 Übe, den Text vorzutragen. Die Tipps helfen dir.

Sprich beim Vortragen laut, deutlich und nicht zu schnell.
Betone wichtige Wörter.
Mache Pausen in deinem Vortrag.
Schaue dein Publikum an.

Mein Tipp: Nimm deinen Vortrag auf und höre ihn dir an.

S. 136

einen Text zum Medienbegriff lesen und verstehen; einen Textabschnitt für einen Vortrag vorbereiten: betonte Textstellen und Pausen markieren; den Textvortrag üben, ▷ Lesen mit Unterstützung, ▷ Sachfilm

65

Ausrufe und Aufforderungssätze

1 Lest die Ausrufe laut vor.

> Nach einem **Ausruf** steht immer ein **Ausrufezeichen**.
> *Oh je!* *Hurra!* *Bis später!* *Vorsicht!* *Toll!*

2 Schreibe die Ausrufe ab. Setze ein Ausrufezeichen.

Super   Aua   Oh nein   Hallo   Achtung   Sehr gut

3 Lest die Aufforderungen mit unterschiedlicher Betonung vor.

> Nach **Aufforderungssätzen** steht ein **Ausrufezeichen**,
> wenn die Aufforderung **mit Nachdruck** gesprochen wird.

4 Sprich die Sätze in strengem Ton mit Nachdruck.

Gib mir das Tablet!   Hör auf zu spielen!   Mach den Fernseher leiser!

Sprich die Sätze jetzt freundlich.

Gib mir das Tablet.   Hör auf zu spielen.   Mach den Fernseher leiser.

 die Begriffe „Ausruf" und „Aufforderungssatz" kennenlernen und das Ausrufezeichen als Satzschluss- und Betonungszeichen erfahren; die Wirkung unterschiedlicher sprachlicher Mittel vergleichen

Satzarten und Satzschlusszeichen

1 Lest die Sätze laut vor. Wie betont ihr die Sätze?
Sprecht darüber.

Ich lese gerne

Beeil dich

Ich habe eine E-Mail bekommen

Wie lange hast du heute gespielt

Habt ihr in der Schule auch Tablets

Schalte sofort aus

Gib mir dein Handy

Ich möchte den Film sehen

Welche Bücher liest du am liebsten

Satzschluss-
zeichen sind:
. ? !

2 Schreibe die Sätze aus den Sprechblasen auf.
Setze passende Satzschlusszeichen.

3 Lies die Aussagesätze. Bilde daraus Fragesätze.
Sucht Mama ihr Handy? ...

Mama sucht ihr Handy.   Paula spielt manchmal am Tablet.

Yasin liest eine Kinderzeitung.   Tim hört gern Hörspiele.

Oma schreibt eine E-Mail.   Die Familie sieht gemeinsam fern.

4 Schreibe eigene **Aussagesätze**, **Fragesätze**, **Aufforderungssätze**
und **Ausrufe** auf. Denke an die passenden Satzschlusszeichen.

S. 122

Satzarten erkennen und passende Satzschlusszeichen verwenden;
Aussagesätze in Fragesätze umformen; eigene Satzformen bilden

67

Verlängern: Wörter mit b, d und g ↪

1 Lotta übt für einen Test.
Sie hört sich die Wörter mit einer Lern-App an.
Sprich die Wörter deutlich. Was fällt dir auf?

> *der Dieb • das Bild • der Berg*
>
> *das Feld • der Freund • das Geld*
>
> *der Hund • der Weg • der Mund*
>
> *das Pferd • der Wind • der Abend*

Was höre ich?
Was schreibe ich?

2 Finde zu jeder Verlängerung das passende Wort auf dem Bildschirm:
Diebe – Dieb, …

Diebe   Bilder   Berge   Abende   Felder   Freunde

Gelder   Hunde   Münder   Pferde   Wege   Winde

> Schreibt man am Wortende **b** oder **p**, **d** oder **t**, **g** oder **k**?
> **Verlängern** mit „alle" hilft beim richtigen Schreiben:
> *der Dieb – alle Diebe, das Bild – alle Bilder, der Berg – alle Berge*

3 Verlängere die Wörter mündlich: **b** oder **p**, **d** oder **t**, **g** oder **k**?
Schreibe die Wortpaare in dein Heft: Hände – Hand, …

Han●   Kor●   Hu●   Ra●   Klei●   Bro●   Ta●   Kin●   Hem●

Rechtschreibstrategie Verlängern kennenlernen; zu Wörtern mit Auslautverhärtung
das passende Wort finden; Wörter mit Auslautverhärtung verlängern und die Wortpaare
aufschreiben, ▷ Strategiefilm

S. 98   S. 159

Hier üben wir

1 Übe den Text: ✏️ oder 🫙 oder 👓✏️ oder 🏃.　　💻 **Grundwortschatz**

In der Bücherei

Paul und seine Freunde gehen oft in die Bücherei.
Dort gibt es viele Medien. Bücher, Zeitschriften und
Spiele können sich alle ausleihen. Jeden Mittwoch
wird aus einem Kinderbuch vorgelesen. Paul und Rami
schauen zusammen einen lustigen Comic an. Frida hört
gern Geschichten. Sie möchte sich ein Hörbuch über
fremde Länder ausleihen. Rami sucht einen Film über
Schlangen. Er fragt Frau Haller.
Sie arbeitet in der Bücherei und schaut im Computer
nach. Schnell findet sie einen passenden Film.

🔍 Oh je! Rami hat seinen Ausweis vergessen.
Wer kann ihm helfen?

das Buch
das Spiel
der Mittwoch
die Schlange
der Computer
hört
fragt
arbeitet
seine
oft
dort
schnell
wer

2 Was passt zusammen? ↪ Verlängere die Wörter
und setze sie ein: passende Filme, …

passend　fremd　wild　spannend　mutig　lustig

Comics • Länder • Filme • Kinder • Tiere • Bücher

3 Schreibe die Sätze auf. Setze passende Satzschlusszeichen: Findet Rami …

Findet Rami einen Film　Toll　In der Bücherei gibt es viele Medien

Oh Schreck　Was hat Rami vergessen　Rami sucht seinen Ausweis

📖 Was hast du in diesem Kapitel gelernt? Du kannst zum Beispiel
eine Wörtersammlung zu dieser Strategie anlegen ↪.

Übungswörter aus dem GWS einzeln und im Textzusammenhang üben;
Adjektive mit Auslautverhärtung verlängern; passende Satzschlusszeichen verwenden;
Impuls Lerntagebucharbeit

Im Sommer

1 Erzählt zu den Bildern. Was machen
die Kinder in ihren Ferien?

2 Frage ein anderes Kind,
worauf es sich in den Ferien freut.
Berichte in der Klasse darüber.

3 Schreibe eine Sommerferien-Geschichte.
Oder: Schreibe eigene Wortgedichte
mit den Wörtern FERIEN,
FREIBAD und SOMMER.

In der Ferienbetreuung
freue ich mich auf …

F otos
E rlebnis
R eise
I nsel
E is
N ordsee

F
R
E
I
B
A
D

S
O
M
M
E
R

sich an Gesprächen beteiligen, zu Bildern erzählen; unterschiedliche Perspektiven einnehmen:
berichten, worauf ein anderes Kind sich freut; über eigene Erlebnisse schreiben;
ein Akrostichon kennenlernen; alternativ ein eigenes Akrostichon schreiben

Botschaften schreiben und entschlüsseln

1 Lest die Postkarte und die Anmerkungen. Was müsst ihr beachten, wenn ihr eine Postkarte schreiben möchtet? Sprecht darüber.

Anrede

Text

Gruß und Name

Briefmarke

Name und Adresse

Liebe Oma,
hier auf dem Bauernhof
ist es ganz toll.
Ich darf im Stall helfen.
Die Tiere sind so süß.
Viele Grüße
von deinem Mattes

Frau
Clara Scholz
Waldstr. 9
20222 Stude

2 Schreibe die Postkarte ab.
Oder: Schreibe eine eigene Postkarte.

3 In der Ferienbetreuung findet heute eine spannende Schatzsuche statt. Zuerst müssen die Kinder eine geheime Botschaft entschlüsseln. Entschlüssele die Botschaft und schreibe sie auf.

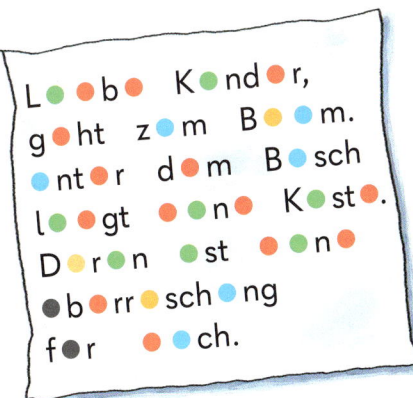

L●●b● K●nd●r,
g●ht z●m B●●m.
●nt●r d●m B●sch
l●●gt ●●n● K●st●.
D●r●n ●st ●●n●
●b●rr●sch●ng
f●r ●●ch.

Mein Tipp: ● = e
● = Ü/ü   ● = ?

4 Schreibe selbst eine geheime Botschaft.

S. 148

Textsorte Postkarte kennenlernen, das Schreiben einer eigenen Postkarte vorbereiten, eine Postkarte schreiben; eine Geheimbotschaft entschlüsseln, eine eigene Geheimbotschaft verfassen, ▷ Sachfilm

Wortfelder

1 Lest den Text. Überlegt, welche Verben am besten in die Lücken passen.

> laufen • humpeln • schleichen • sausen • kommen • gehen • rennen

Heute findet das Sportfest statt.

Am Morgen 👟 die Kinder der Klasse 2b

gemeinsam zum Sportplatz. Bevor sie richtig

anfangen, 👟 sich alle zwei Runden warm.

Die Kinder werfen und springen. Dann 👟 alle

zum 50-Meter-Lauf. Lara und Joris machen sich bereit.

Gleich 👟 beide los. Sie 👟 wie der Blitz ins Ziel.

Mehmet ist der Schnellste, aber leider knickt er mit dem Fuß um.

Alle 👟 erschöpft zurück zur Schule. Mehmet kann nur noch 👟.

2 Schreibe den Text mit den passenden Verben auf.
Vergleicht eure Lösungen.
Heute findet das Sportfest statt. Am Morgen gehen ...

> Ich bin so schnell wie der Blitz!

3 Ordne die Verben richtig zu.

essen	sprechen
speisen	schreien

> speisen   schreien   reden   rufen   fressen   flüstern
> probieren   mampfen   fragen   verschlingen
> antworten   murmeln   bitten   frühstücken   sagen

4 Bilde mit fünf Verben aus einem Wortfeld Sätze: Liam schreit laut.

Verben aus dem Wortfeld „laufen" im Textzusammenhang anwenden;
Verben nach Wortfeldern sortieren und im Satzzusammenhang gebrauchen

Wörterspiele

1 Die Kinder kaufen an unterschiedlichen Orten in Deutschland in einer Bäckerei ein. Ergänzt die Lücken in den Sätzen. Die Farben helfen euch. Lest die Sätze laut vor.

Guten Tag • Guude • Grüß Gott • Moin • Grüß Gott • Juten Tach

Brötchen • Semmeln • Wecke • Schrippen • Weckle • Rundstücke

Berliner • Kräppel • Berliner • Berliner • Pfannkuchen • Krapfen

Tala aus Hannover: Guten Tag. Bitte sechs Brötchen und drei Berliner.

Reni aus München: ⬤ . Bitte sechs ⬤ und drei ⬤ .

Kalle aus Berlin: ⬤ . Bitte sechs ⬤ und drei ⬤ .

Tim aus Stuttgart: ⬤ . Bitte sechs ⬤ und drei ⬤ .

Piet aus Hamburg: ⬤ . Bitte sechs ⬤ und drei ⬤ .

Anna aus Frankfurt: ⬤ . Bitte sechs ⬤ und drei ⬤ .

2 Schreibe die Sätze vollständig ab: Tala aus Hannover: …

3 Setzt die Wörterkette fort. Denkt euch auch eigene Wörterketten aus.
Sommerferien – Ferienhaus – Haus…

4 Jedes Kind begrüßt euch in seiner Sprache. Vergleicht die Sprachen.

Hello • Bonjour • Merhaba • Buenos dias • Hyvää päivää

5 Sammelt Begrüßungen in weiteren Sprachen. Erstellt ein Plakat.

Lückentext: mundartliche Begriffe für Backwaren mithilfe von Farben einsetzen; zwischen Dialekten und Standardsprache unterscheiden; spielerisch mit zusammengesetzten Nomen umgehen; Sprachen vergleichen, ▷ Lesen mit Unterstützung

Wörter mit doppelten Mitlauten ☺

1 Welche Wörter schaukeln in den Wellen?
Schreibe sie auf. Zeichne Silbenbögen: Schiffe, …

Schif Was Son Wel Wet Som Kof
ser fe ter ne len fer mer

> Vor doppelten Mitlauten wird der Selbstlaut kurz gesprochen.

2 Jeder Rettungsring gehört zu einem Schiff.
Schreibe die Wörter in den Schiffen vollständig auf.
Male die doppelten Mitlaute an: bitten, …

bi●en   Mu●er
Bu●er

Zi●er
ko●en
i●er

so●en   ro●en
fü●en

kö●en   re●en
ke●en

tt   mm   ll   nn

3 Finde in der Wörterliste unter **K/k** und **T/t** die Wörter mit doppeltem Mitlaut. Schreibe sie auf und male die doppelten Mitlaute an: kennen, …

4 Schreibt ein Wort mit doppeltem Mitlaut auf ein Blatt.
Wer ein Reimwort weiß, schreibt es dazu.

Wörter mit doppelten Mitlauten zusammensetzen; Silbenbögen zeichnen;
Lückenwörter mit doppelten Mitlauten ergänzen; mit der Wörterliste arbeiten;
Reimwörter sammeln, ▷ Strategiefilm, ▷ Wortschatz

S. 90   S. 158

Hier üben wir

1 Übe den Text: ✐ oder 👄 oder 👥✐ oder 🏃.

📠 **Grundwortschatz**

Endlich Ferien!

Die Sonne strahlt am Himmel. Im Sommer fahren
Arne und Hanna immer für zehn Tage ins Zeltlager.
Sie freuen sich riesig, denn dort wollen sie ihre
Freunde vom letzten Jahr treffen. Der Zeltplatz
liegt am Wasser. Bei schönem Wetter können sie
jeden Tag schwimmen gehen.
Heute müssen sie ihre Koffer packen. Arne holt
aus dem Zimmer sein Kissen und den neuen
Comic. Hanna will ihre Puppe auf keinen Fall
zu Hause lassen.

🔵 Mama legt noch die Gummistiefel dazu.
Morgen um elf Uhr kommt der Bus.

Grundwortschatz
die Ferien
die Sonne
der Sommer
das Wetter
der Koffer
das Kissen
der Comic
die Puppe
treffen
liegt
können
müssen
packen
zehn
elf

2 Welche Nomen mit doppelten Mitlauten findest du im Text?
Schreibe sie auf. Zeichne Silbenbögen: Sonne, …

3 Male eine Tabelle in dein Heft. Setze die Wörter mit den
doppelten Mitlauten richtig zusammen und ordne sie in deiner Tabelle.

kön	müs	wol	im	tref

mer	len	nen	sen	fen

ss	ff	nn	mm	ll
…	…	…	…	…

4 Finde im Übungstext mindestens zehn weitere Wörter
und trage sie in die Tabelle ein.

📖 Was hast du in diesem Kapitel gelernt? Du kannst zum Beispiel
Wörter zum Wortfeld **gehen** aufschreiben.

Übungswörter aus dem GWS einzeln und im Textzusammenhang üben; Wörter mit doppelten
Mittlauten aufschreiben, zusammensetzen und in eine Tabelle eintragen, weitere Wörter mit
doppelten Mitlauten im Text finden und in die Tabelle eintragen; Impuls Lerntagebucharbeit

Wir lesen Bücher

Seite 3
Hauptfiguren

Seite 1
Steckbrief

Autor: Marc-Uwe Kling
Titel: Der Tag, an dem die
Oma das Internet
kaputt gemacht hat
Illustratorin: Astrid Henn
Verlag: Carlsen
Seitenzahl: 62

Seite 4
Bewertung:
★ ★ ★ ★ ☆

Me...

Seite 2
Inhaltsangabe:
Die Oma macht das ganze
Internet kaputt.
Tiffanys Familie ist ganz
durcheinander: Musik hören,
fernsehen, am Handy spielen,
Nachrichten versenden ...
nichts geht mehr. Zuerst weiß
keiner, was er tun soll. Aber
schließlich wird es doch ein
supertoller Tag.

1 Ben stellt ein Lieblingsbuch vor. Wie findest du seine Beschreibung?
Hast du Lust bekommen, das Buch auch zu lesen?

> Das ist mein Lieblingsbuch, weil ...

2 Für das Büchlein hat Ben einen DIN-A4-Tonkarton
in der Mitte gefaltet. Damit hat er vier Seiten bekommen.
Welche Überschriften hat Ben ausgewählt?

Hauptfiguren   Lieblingsstelle   Steckbrief   Bewertung   Titel

Inhaltsangabe   Weitere Informationen   Weitere Bände aus der Reihe

3 Stelle dein Lieblingsbuch in der Klasse vor.
Nimm die Buchvorstellung von Ben als Beispiel.
Oder: Wähle mehr Überschriften aus und verwende zwei DIN-A4-Blätter,
die du ineinanderlegst.

eine einfache Präsentationsform für eine Buchvorstellung kennenlernen;
ein Buch begründet auswählen; Figuren, Handlungsverlauf und eigene Leseerfahrungen
beschreiben; Fachbegriffe und Kategorien verwenden

Steckbriefe und Diagramme

1 Ben hat einen Büchersteckbrief geschrieben. Lies den Steckbrief.

Autor: Marc-Uwe Kling
Titel: Der Tag, an dem die
              Oma das Internet
              kaputt gemacht hat
Illustratorin: Astrid Henn
Verlag: Carlsen
Seitenzahl: 62

Fachbegriffe	
Autorin/Autor:	Person, die das Buch geschrieben hat
Titel:	Name des Buchs
Illustratorin/ Illustrator:	Person, die die Bilder für das Buch gezeichnet hat
Verlag:	Firma, die das Buch herstellt

2 Ergänze die Lücken mit den Informationen aus Bens Steckbrief.
Schreibe den Text ab.

Der ⬤ des Buches heißt: Der Tag, ⬤ . Es hat 62 ⬤ .

Der ⬤ Carlsen hat das Buch hergestellt.

Marc-Uwe Kling ist der ⬤ des Buches.

Die Bilder wurden von der ⬤ Astrid Henn gezeichnet.

3 Schreibe einen Steckbrief zu einem Buch, das du gelesen hast.

4 Welche Bücher lesen die Kinder der Klasse 2a? Erklärt das Diagramm.

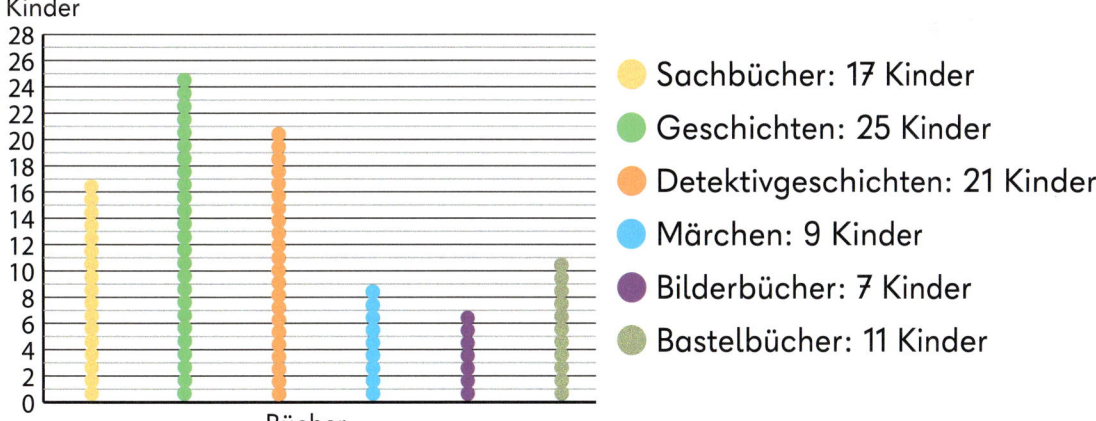

Sachbücher: 17 Kinder

Geschichten: 25 Kinder

Detektivgeschichten: 21 Kinder

Märchen: 9 Kinder

Bilderbücher: 7 Kinder

Bastelbücher: 11 Kinder

5 Macht eine Umfrage zu den Lieblingsbüchern in eurer Klasse.
Stellt die Ergebnisse als Diagramm dar.

S. 140

Fachbegriffe kennenlernen und verwenden; einen Steckbrief zu einem Buch schreiben;
ein Diagramm lesen und verstehen; Umfrageergebnisse in Form eines Diagramms festhalten, ▷ Sachfilm

77

Geschichten entwickeln

1 Wähle einen Geschichtenanfang aus.
Schreibe ihn auf.
Lass die erste Zeile für die Überschrift frei.

> Heute sind Elli und Klara mit ihren Eltern im Park am See.

> Heute sind Jonas und Tarek mit ihrer Klasse auf dem großen Waldspielplatz.

2 Wähle dann eine Fortsetzung aus und schreibe sie dazu.

> Gerade haben sie ihr Fußballtor aufgestellt, da kommt Pepper auf sie zugerannt.

> Gerade haben sie ihr Frühstück ausgepackt, da kommt ein großer Hund auf sie zugerannt. Die Kinder erschrecken!

3 Wie geht die Geschichte weiter? Wähle die zweite Fortsetzung passend aus und schreibe sie darunter.

> Ein Glück, da kommt schon der Besitzer des Hundes! Er pfeift. Doch der Hund möchte gerne bleiben. Er setzt sich und will gekrault werden. Aber die Kinder trauen sich nicht. Da steht der Hund doch auf und geht langsam mit seinem Herrchen weiter.

> Die Kinder kennen Pepper. Er ist der Hund des Nachbarn. Pepper möchte spielen. Er springt an den Kindern hoch und läuft aufgeregt hin und her. Aber da ertönt ein Pfiff und Pepper trottet davon. Traurig schaut er zurück zu den Kindern.

4 Überlege dir eine passende Überschrift für deine Geschichte.

eine Geschichte aus Textbausteinen entwickeln, dabei Textkohärenz berücksichtigen, eine passende Überschrift finden

S. 128

Wichtige kleine Wörter üben

1 Lies den Text. Schreibe alle blauen Wörter auf.

In Flavios Klasse hat jedes Kind ein
„Unter-dem-Tisch-Buch". Täglich dürfen
alle Kinder eine Viertelstunde in ihrem Buch lesen.
Karl liest nur Detektivgeschichten, weil er
diese spannender findet als Märchen.
Sami geht oft zur Bücherei. Es gibt viele Bücher,
die man ausleihen kann. Spiele haben sie dort sogar auch.
Nicht immer ist es leicht, sich für etwas zu entscheiden.

2 Suche dir ein Partnerkind.
Diktiert euch gegenseitig die blauen Wörter.

3 Schreibe die Sätze auf.
Setze dabei die richtigen blauen Wörter ein. Sara liest …

Sara liest gerne an/im Bett.
Luca macht seine Leseübungen mit/nun dem Tablet.
Meine Oma hat ein Buch unter/über Tiere mitgebracht.
Bert will morgen/oder aus seinem Lieblingsbuch vorlesen.

4 In jedem Satz sind zwei Stolperwörter versteckt.
Schreibe die Stolperwörter auf: sind, …

Elsa und Gina sind haben ein vor neues Puzzle.
Es zeigt ab mehrere und Tierbabys.
Sie haben es aus mir der Bücherei viel ausgeliehen.
Leider hat wir es sehr kleine ob Teile.
Elsa von möchte es gerne wann zurückbringen.
Aber dir Gina will noch dann nicht aufgeben.

Alle Stolperwörter
in Aufgabe 4 sind
Merkwörter.

Ordnen und nachschlagen

1 Schreibe das ABC in großen und in kleinen Buchstaben auf.
Ergänze dabei die fehlenden Buchstaben: A, B, C, D, ...
Lerne das ABC auswendig.

○○○○ E F G   a b c d ○○○
H I ○○   ○○ j k
○○○ O P   l m n ○○
Q R S T ○○○   ○○○○ u v w
○ Y Z   x ○○

2 Ordne die Wörter in jedem Kasten nach dem ABC.
Biene, Hund, ...

Hund	Apfel	schwarz	malen
Katze	Tee	blau	lesen
Biene	Brot	grün	schreiben
Vogel	Saft	weiß	antworten
Maus	Quark	rot	boxen

3 Finde diese Wörter in der Wörterliste. Schreibe sie auf.
Schreibe die Seitenzahl dahinter. Hitze S. 172

Hitze • Dusche • Cent • Frage • Hexe • Woche • Öl

raten • sinken • danken • rechnen • bluten • husten

Wörter werden nach dem Alphabet (ABC) geordnet.
Wörter mit gleichem Anfangsbuchstaben werden
nach dem zweiten Buchstaben geordnet: *Apfel – Arbeit – Ast*

A
B
C
D
E
F
G
H
I
J
K
L
M
N
O
P
Q
R
S
T
U
V
W
X
Y
Z

4 Schreibe die Buchstaben mit ihrem Nachfolger in dein Heft: BC, …

B   M   J   Y   H   O

5 Ordne die Wörter. Achte auf den zweiten Buchstaben:
Taxi, teilen, …

Taxi	breit	Kater	schlau
Tor	Busch	kochen	Sekunde
Tisch	Ball	kleben	satt
teilen	blühen	Keks	singen
tragen	Beruf	kicken	Sohn

6 Schreibe die Buchstaben mit ihrem Vorgänger in dein Heft: CD, …

D   S   K   Z   M   G

7 Suche zu den Bildern die passenden Wörter in der Wörterliste.
Schreibe sie auf. Male an, was du dir merken musst.

Silben schwingen

1 Sprich die Wörter laut und schwinge sie
mit der Hand. Schreibe die Wörter ab.
Zeichne die Silbenbögen: Dose, …

Le na

| Dose | Löwe | Schule | Auto |
| Lampe | Wolke | Besen | Tafel |

2 Setze richtig zusammen.
Schreibe die Wörter auf. Zeichne die Silbenbögen: Hose, …

| Ho | se | | Pfo | te | | Lei | ter |
| | fa | | | se | | | nel |

| Man | tis | | Pin | sel | | Bil | dur |
| | tel | | | sur | | | der |

| Far | be | | Kir | fo | | Bir | me |
| | ba | | | che | | | ne |

3 Was siehst du auf dem Bild? Sprich die Wörter laut.
Ordne die Wörter in eine Tabelle.
Zeichne die Silbenbögen.

eine Silbe	zwei Silben
Brot	Apfel
…	…

Sprich das Wort deutlich Silbe für Silbe. Zeichne dabei
zu jeder Silbe mit der Schreibhand einen Bogen in die Luft.
Gehe zu jeder Silbe einen kleinen Schritt nach rechts.

4 Sprich die Wörter laut und schwinge sie.
Schreibe sie auf. Zeichne die Silbenbögen: Stempel, …

Stempel	Füller	Aufgabe	Minute	Fach
Schere	Buchstabe	Stift	Kerze	Gemüse

5 Schreibe die Reimwörter in deinem Heft auf.
Zeichne die Silbenbögen: Laus, Haus, …

Laus	Hase	Schnecke	Sturm
H …	N …	D …	W …
M …	V …	H …	T …

6 Setze die Wörter richtig zusammen und schreibe sie auf..
Zeichne die Silbenbögen: Kalender, …

Ka	A	Schlüs	Te	La
sel	len	ter	le	mei
se	ne	fon	der	bund

7 Schreibe passende Wörter zu dem Bild auf.
Zeichne die Silbenbögen: Ball, …

Selbstlaute (Silbenkönige) und Mitlaute

1 Sprich die Wörter. Zeichne die Silbenbögen.
Male die Silbenkönige an: Kopf, …

Kopf	Fuß	Schaf	Tuch
Herz	Bart	Hals	Mund

2 Sprich die Wörter. Zeichne die Silbenbögen.
Male die Silbenkönige an: Zunge, …

Zunge	Blume	Krone	Gesicht
Nadel	Winter	Meter	Monat

3 Schreibe die Sätze auf. Ergänze die fehlenden Silbenkönige.
Male die Silbenkönige in den Lückenwörtern an:

Der Schirm ist bunt.

Der Schirm ist b◯nt.

Toms Schultasche ist schw◯r.

Linas Hose ist r◯t.

Saras Schuhe sind ◯lt.

Das Mädchen ist sehr fr◯ch.

Ich bin sehr st◯rk.

a, e, i, o, u sind Laute, die allein klingen. Sie heißen **Selbstlaute**.
Alle anderen Laute im ABC nennt man **Mitlaute**.
In jeder Silbe steckt ein **Selbstlaut (Silbenkönig)**: *Fisch, Kamel*

4 Schreibe den Text ab. Male in jeder Silbe
den Silbenkönig an: D**a**s **i**st …

Das ist Lotte. Lotte hat schwarze Locken.

Das Gesicht ist rund und ihre Nase ist spitz.

Ihre Arme sind lang. Besonders gern mag Lotte

ihre Brille und die goldene Kette.

Ihre Tasche nimmt Lotte immer mit.

5 Sprich die Wörter aus dem Kasten.
Wo klingt das **a** wie bei **Hase**? Wo klingt das **a** wie bei **Tasse**?
Ordne zu.
Hase: Name, …
Tasse: Wasser, …

> Ich achte auf
> die erste Silbe:
> Na me, Was ser

Wasser •	Name •	Gabel •	Wagen •	Vase
Qualle •	Katze •	Mantel •	Tante •	Rasen

6 Ändere den Silbenkönig und bilde dadurch ein neues Wort.
Schreibe beide Wörter auf. Male den Silbenkönig an:
T**a**nne – T**o**nne

Tanne •	Ohr •	Hose •	Burg •	Gold • Hund
Wand •	Schale •	Stirn •	Lachs •	Nadel • Zangen

7 Bilde mit diesen Mitlauten und Selbstlauten Wörter.
Wer findet die meisten Wörter? Palme, …

L M P N	T SCH F L	N B L S G
A E	A E	E E

Silbenkönige: Zwielaute ⌣

1 Lies die Geschichte.

Meike ist eine Maus. Sie ist noch klein.
Sie wohnt bei Bauer Schulz auf dem Feld.
Meike will heute eine Reise machen und
auf die andere Seite des Feldes laufen.
Zeus und Paul begleiten sie. Die drei
Freunde schleichen leise aus dem Haus.
„Ich brauche eine Pause!", sagt Meike
nach kurzer Zeit. Müde schlafen sie
unter einem Baum ein. Plötzlich ruft
jemand laut nach ihnen.
Ist das ein Traum? Nein, das sind die Eltern.
Voller Freude gehen alle gemeinsam nach Hause.

2 Suche im Text alle Wörter mit **ei**, **eu** und **au**.
Schreibe sie auf. Male die Zwielaute an.
ei: Meike, …   eu: …   au: …

3 Welche Mäusemama gehört zu welchem Mäusekind?
Schreibe die Wörter auf. Male die Zwielaute an.

Zeus Paul Meike

n ○ B ○ le
L ○ te
n ○ n ○ ro

arb ○ ten
bl ○ ben
st ○ l l ○ cht
r ○ ch

Fr ○ k ○ fen
B ○ ch s ○ ber
H ○ t

> Man nennt **au**, **eu** und **ei Zwielaute**, weil sie aus zwei Lauten bestehen.
> Auch Zwielaute sind Silbenkönige: *das **Auto**, **neu**, das **Kleid***

4 Schreibe die Wörter mit den Zwielauten **ei** und **au** in dein Heft.
Male die Zwielaute an: der D<mark>au</mark>men, …

der D◯men die Am◯se die Pf◯fe die Sch◯kel die F◯er
b◯en gl◯ben r◯sen w◯nen sch◯en schn◯den

5 Finde zu jedem Wort ein Reimwort. Schreibe die Wörter auf.
Male die Zwielaute an.

der Raum   das Seil   das Bein   die Traube

6 Schreibe die Wörter zu den Bildern auf.
Male die Zwielaute **au**, **ei** und **eu** an.

7 Schreibe die Sätze auf. Ergänze die Lückenwörter.
Kontrolliere mit der Wörterliste.

Das Gegenteil von arm ist ◯.

Das Gegenteil von schmutzig ist ◯.

Das Gegenteil von schwer ist ◯.

Das Gegenteil von groß ist ◯.

Das Gegenteil von laut ist ◯.

Das Gegenteil von alt ist ◯.

Das Gegenteil von fröhlich ist …

Wörter mit ie ◡

1 Suche im Text alle Wörter mit **ie**. Schreibe sie auf.
Sprich sie laut und deutlich. Male **ie** an: Sti<mark>e</mark>fel, ...

Meine Stiefel liegen schon wieder
kreuz und quer im Flur. Papa ruft:
„Mein liebes Kind, räum endlich
deine Schuhe auf!"
Aber ich möchte lieber mit Justus spielen.
Er fragt: „Wollen wir die Tiere vom Nachbarn
füttern?" Ich antworte: „Ja. Ich ziehe
nur schnell meine Schuhe an!"
Doch statt meiner Stiefel finde ich
einen Zettel. Darauf steht: Deine Stiefel
sind bei Bauer Kiefer! Schnell laufen
wir zum Stall und finden meine Schuhe.
Justus lacht: „Deine Schuhe riechen aber komisch."
Seither räume ich meine Stiefel weg.

2 Setze die Silben zu Wörtern zusammen. Male **ie** an: F<mark>ie</mark>ber, ...

Fie	Brie	Spie	Wie	Zwie	Die
bel	fe	gel	be	se	ber

Hörst du ein **langes i**, schreibst du meistens **ie**:
lieben, das Fieber, hier

3 Schreibe die Sätze ab. Ergänze die Namen der Tiere:
Diese Tiere …

| Ziegen | Bienen | Fliegen | Murmeltiere |

Diese Tiere schlafen gern lange und tief: ○

Diese Tiere fliegen oft von Blüte zu Blüte: ○

Diese Tiere ärgern viele Menschen: ○

Diese Tiere meckern viel: ○

4 Finde zu jedem Wort ein passendes Bild.
Schreibe die Wörter als Wortpaare auf: Ziele – Ziel

| Diebe • Briefe • Ziele • Siebe • Stiele • Spiele |

5 Sprich die Wörter deutlich. Ordne sie in eine Tabelle.

langes i	kurzes i
Riese	Risse
…	…

| Riese – Risse | Fieber – Fische | Lippe – Liebe |
| bieten – bitten | Tiere – Tische | Wippe – Wiege |

6 Ordne die Wörter nach Nomen und Verben.
Bilde mit jedem Wort einen Satz.
Nomen: das Lied, …

| fließen • Lied • niesen • Papier • Knie • Bier • frieren |

Wörter mit doppelten Mitlauten

1 Finde immer drei Reimwörter.
Male die doppelten Mitlaute an: Qualle, Halle, ...

Falle · Mutter  · Schüssel · Kasse

Futter

Rüssel · Klasse · Halle

2 Bilde aus den Silben Wörter. Male die doppelten Mitlaute an:
Betten, ...

Bet	Kis	Pup	Zim	Son	Kof
mer	fer	ne	sen	ten	pe

3 Schreibe den Text mit den passenden Wörtern.

Löffel • kommen • Suppe • essen
Teller • Messer • Mutter • Schlitten

Heute ○ Oma und Opa.
Papa kocht ○, Fleisch und Gemüse.
Jonas und seine ○ decken den Tisch.
Mama holt die ○. Jonas bringt die ○
und die Gabeln. Mama sagt: „Jonas,
die ○ fehlen noch."
Es klingelt. Oma und Opa sind da.
Bevor sie ○, darf Jonas sein Geschenk
auspacken. Es ist ein neuer ○.

4 Schreibe die Wörter in der Mehrzahl und in der Einzahl
Male die doppelten Mitlaute an: die Be**tt**en – das Be**tt**, ...

die Betten	die Blätter	die Bälle	die Schiffe	die Männer

5 Schreibe den Text mit den passenden Wörtern.
Male die doppelten Mitlaute an:
Mia und Luis haben zwei Hasen.

Mia und Luis haben zwei Hasen.

Die Kinder ◯ sich gut mit Hasen aus.

Sie ◯: Bald ◯ die Hasen Hunger.

Sie ◯ frisches Gras auf der Wiese.

Danach ◯ sie noch ◯ in eine Schale.

Jetzt ◯ sie die Tiere ◯.

bekommen	sammeln
füllen	Wasser
können	füttern
kennen	wissen

6 Schreibe die Wörter geordnet auf. Ergänze **ll**, **nn**, **mm**, **ss** oder **tt**
Male die doppelten Mitlaute an:
Wörter mit ll: so**ll**en,
Wörter mit ...

so◯en	re◯en	So◯er	Hi◯el	So◯e
fa◯en	bi◯en	Se◯el	la◯en	ro◯en
i◯er	Ke◯e	We◯er	wo◯en	Nu◯er

7 Schreibe die Wörter zu den Bildern auf,
in denen doppelte Mitlaute vorkommen.

Schwinge die Wörter.

Wörter mit Sp/sp und St/st

1 Lies den Text. Schreibe alle Wörter mit **Sp/sp** und **St/st** auf.
Male **Sp/sp** und **St/st** an: <mark>Sp</mark>innen, ...

Zwei Spinnen machen einen Spaziergang.
Da kommt ein Specht angeflogen. Er landet
in einem Strauch und sagt: „Mein Schnabel ist
so spitz. Damit kann ich jeden Baum aushöhlen."
Die Spinnen bleiben stehen und antworten:
„Du Angeber! Mit unseren acht Beinen können
wir ganz schnell laufen." Die Tiere streiten.
Schließlich sagt der Specht: „Dann machen wir
ein Spiel. Wer als Erstes bis zur Spitze
des Baumes fliegt, hat gewonnen!"
Die Spinnen antworten: „Nein, gewonnen hat,
wer am schnellsten ein Netz weben kann".

2 Ordne die Wörter. Male **Sp/sp** und **St/st** an.
St/st: <mark>St</mark>ein
Sp/sp: ...

Stempel   Spritze   sprechen

Spiel

Stern

Stufe

stecken   Stift   Spaten

springen   Sport

stehen   Spuren   Stein

Am Wortanfang sprechen wir **schp** und **scht**, wir schreiben aber
Sp/sp und **St/st**: *die Spinne, spielen, der Stein, stehen.*

3 Was machen Milla und Josie gern? (✓)
Was machen sie nicht gern? (×)
Schreibe in ganzen Sätzen. Male **Sp/sp** und **St/st** an:
Milla und Josie spülen nicht gern ...

Geschirr spülen (×)

mit ihren jungen Hunden spielen (✓)

Drachen steigen lassen (✓)

in einer Warteschlange stehen (×)

vom 1-Meter-Brett springen (✓)

die Bücher ins Regal stellen (×)

4 Was machst du gern? Was machst du nicht gern?
Schreibe sechs Sätze. Verwende die Verben aus Aufgabe 3.
Ich spüle ...

5 Schreibe die Wörter mit den Anfangsbuchstaben **Sp/sp** oder **St/st**
auf: Stunde, ...

unde   aren   aunen   ange

aß   raße   rauch   ören

Achte auf die Groß-
und Kleinschreibung.

6 Schreibe die Sätze ab. Finde für die unterstrichenen Wörter
andere Wörter mit **sp** oder **st**. Male **sp** und **st** an: Ich lese ...

Ich lese gerne Bücher, weil sie so langweilig sind.

Der Löwe ist der König der Tiere, weil er besonders schwach ist.

Damit ich gut einschlafen kann, muss es sehr laut sein.

In den Bergen zu wandern ist anstrengend,

weil die Wege dort so flach sind.

Pass auf, dass du dich nicht pikst! Die Nadel ist sehr stumpf.

Egal was ich tue, mein Fisch bleibt immer gesprächig.

Schwierige Buchstabenverbindungen

1 Ordne die Wörter nach den Endungen **-el, -en, -er**.
Zeichne Silbenbögen und male die Silbenkönige an.

-el: Amsel, ...   -er: Feier, ...   -en: Wagen, ...

> Amsel   Feier   Wagen   Fehler   Muschel
>
> Mädchen   Stempel   Engel   Tochter   Regen
>
> Knochen   Finger   Nebel   Hunger   Garten

2 Lies den Text. Sortiere die Wörter
nach ihrem Wortanfang.
Wörter mit Bl/bl: ...
Wörter mit br: ...
Wörter mit gr: ...

Manche Buchstaben sind am Wortanfang schwer zu hören. Achte beim Schreiben darauf.

Die ersten Blumen erwachen aus
ihrem Winterschlaf. Aus der braunen Erde
wachsen grüne Stängel und Blätter.
Mit jedem Tag werden die Pflanzen größer.
Sie brauchen Licht, Wasser und Wärme.
Bald öffnen sich die ersten Blüten.
Sie blühen rot und gelb und blau.
Nach den grauen Wintermonaten bringen sie
die Farbe zurück. Endlich ist der Frühling da.

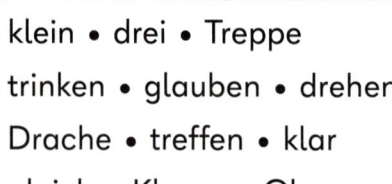

3 Sortiere die Wörter aus dem Kasten.
Wörter mit Gl/gl: ...
Wörter mit Kl/kl: ...
Wörter mit Dr/dr: ...
Wörter mit Tr/tr: ...

> klein • drei • Treppe
> trinken • glauben • drehen
> Drache • treffen • klar
> gleich • Klasse • Glas

4 Sprich die Wörter. Setze dabei den fehlenden Buchstaben ein.
Schreibe die Wörter auf: Erde, ...

E◯de	Ki◯che	Wü◯fel
Ka◯te	Wo◯t	Wu◯m
we◯fen	tu◯nen	schwe◯
kla◯	wa◯m	ha◯t

In diesen Wörtern
ist das r schwer zu hören.
Achte beim Schreiben
darauf.

5 Schreibe die Wörter in der Einzahl und in der Mehrzahl auf.
Sprich die Wörter. Überlege: Wo hörst du das **r** deutlicher?

| Tür | Uhr | Tor | Ohr | Tier |

6 Setze die Wörter ein. Schreibe den Text ab: In der Schule ...

dürfen • Sport • Körper • Organ
merken • lernen • Herz • arbeiten

In der Schule ◯ wir gerade etwas über unseren ◯.
Das ◯ ist ein sehr wichtiges ◯. Mit jedem Schlag
pumpt es Blut in die Blutbahnen. Wenn wir ◯ treiben,
muss das Herz mehr ◯. Wir ◯ es daran, dass es
schneller schlägt. Morgen ◯ wir in der Schule einen Film
dazu anschauen.

7 Schreibe zu den Bildern die passenden Wörter.

Ableleiten: Wörter mit ä und äu ⚡

1 Wie viele (Dinge) sind es? Zähle genau.
Male in jedem Wort **ä** oder **äu** an: 7 R<mark>ä</mark>der, ...

Räder • Äpfel • Blätter • Schwänze • Mäuse • Häuser • Bäume

2 Finde zu den Wörtern mit **ä** und **äu**
ein verwandtes Wort mit **a** und **au**.
Male **ä – a** und **äu – au** an: F<mark>ä</mark>den – F<mark>a</mark>den, ...

Fäden	Äste	Bäuche	Gäste	Zäune
Bäche	Dächer	Hände	Sträucher	Träume

> Man schreibt ein Wort mit **ä** oder **äu**, wenn es ein **verwandtes Wort**
> mit **a** oder **au** gibt: *die Hände – die Hand, läuft – laufen*

3 Schreibe zu den Bildern die Nomen in der Mehrzahl auf.
Schreibe dazu das verwandte Wort mit **a** auf.
Male **ä** – **a** an: die B<mark>ä</mark>lle – der B<mark>a</mark>ll, die ...

4 Finde die Wortpaare. Male **ä** – **a** und **äu** – **au** an:
aufr<mark>äu</mark>men – der R<mark>au</mark>m, ...

aufräumen • quälen	Farbe • Raum
färben • kämmen	Glanz • Schale
glänzen • schälen	Qual • Kamm

5 Finde verwandte Wörter mit **a** und **au**. Schreibe die Wortpaare.
Gebäude – bauen, ...

Gebäude	Plätze	Gärten	älter	Fächer
Räuber	träumen	Gräser	Anfänge	Zähne

6 Schreibe den Text in der Ich-Form in dein Heft:
Heute schlafe ich ...

Heute schläft Jonas in der Hängematte.

Er hält sein Kuscheltier im Arm. Er träumt,

dass er mit seinem Bruder um die Wette läuft.

Plumps! Jonas fällt auf den Boden.

Erschrocken wacht er auf.

Dann fängt er an zu lachen.

7 In deinem Text steht jetzt noch ein Wort mit **ä** und ein Wort mit **äu**.
Schreibe sie auf. Findest du dazu ein verwandtes Wort mit **a** und **au**?

Verlängern: Wörter mit b, d und g

1 Lies den Text.

Es ist Abend. Eine alte Dame sitzt allein
auf einer Bank. Sie ist müde und schließt
die Augen. Da kommt ein Dieb.
Er nimmt das Geld aus ihrem Korb
und verschwindet.
Ein Kind hat alles beobachtet und kann
den Mann genau beschreiben: Er hat eine blaue Hose
und ein kariertes Hemd an. Sein Bart ist dunkel.
An seiner rechten Hand trägt er ein goldenes Band.
Durch diese Beschreibung findet die Polizei den Dieb schnell.
Die Frau bekommt ihr Geld zurück.
Das Kind bekommt eine Belohnung.

2 Suche zu den Verlängerungen die passenden Wörter im Text.
Male **b**, **d**, **g** an: Die**b**e – Die**b**, ...

Diebe	Gelder	Bänder	Kinder
Hände	Körbe	Abende	Hemden

3 Finde die Wortpaare. Male **b**, **d**, **g** an: Ta**g** – Ta**g**e, ...

Tag • Hund • Kleid
Pferd • Berg
Zug • Stab • Bild

Kleider • Stäbe • Bilder
Züge • Hunde
Pferde • Berge • Tage

> Schreibt man am Wortende **b** oder **p**, **d** oder **t**, **g** oder **k**?
> **Verlängern** mit „alle" hilft beim richtigen Schreiben:
> *der Dieb – alle Diebe, das Bild – alle Bilder, der Berg – alle Berge*

4 Verlängere die Wörter. Schreibe die Wortpaare.
Male **b**, **d**, **g** an: das Ba**d** – die Bä**d**er, ...

Bad	Freund	Weg	Lied	Mund
Zweig	Grab	Flug	Feld	Wind

5 Bilde Wortgruppen: der giftige Pilz, ...

der	spannend	Farbe
die	giftig	Pilz
das	gelb	Oma
	gesund	Sprache
	fremd	Buch
	lieb	Gemüse

6 Finde zu den Bildern passende Wörter. Schreibe die Wortpaare:
das Ra**d** – die Rä**d**er, ...

   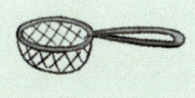 

7 Finde im Text sechs Adjektive. Verlängere sie.
mutig – die mutigen Kinder, ...

Kim und ich sind mutig. Manchmal gehen wir in den Wald.
Unser Vater sagt: „Kinder, seid vorsichtig!"
Wir spielen dort oft Verstecken. Das Spiel ist lustig.
Danach sind unsere Hosen schmutzig und
unsere Schuhe sandig. Durstig laufen wir nach Hause.

Merkwörter mit V/v Ⓜ

1 Schreibe den Vers ab. Unterstreiche alle Wörter mit **V/v**:
Ich bin im ...

Ich bin im Vogel und im Vater.

Ich bin in vier und auch in viel.

Ich stehe auch in vom, von, vor

und selbst in voll bin ich im Spiel.

In jedem Vers bin ich versteckt

Du hast mich sicher schon entdeckt?

2 Lerne den Vers auswendig.

3 Bilde Wörter mit den Wortbausteinen **vor-** und **ver-**:
Unterstreiche die Wortbausteine **vor-** und **ver-**: verstecken, ...

stecken — schlafen — schenken — ver- — suchen — laufen — teilen — hören

zeigen — schlagen — geben — vor- — machen — turnen — singen — lesen

4 Setze **viel** oder **viele** ein. Schreibe die Sätze: Ich habe viele Freunde.

Ich habe ◯ Freunde.

Mein Hund braucht ◯ Liebe.

Ich kaufe gern ◯ Geschenke.

Oma und Opa haben ◯ Kinder.

Meine Familie macht mir ◯ Freude.

Auf der Autobahn ist ◯ Verkehr.

> Die kann ich zählen:
> viele Hunde.
> Das kann ich nicht zählen:
> viel Futter.

5 Schreibe den Text mit den passenden Wörtern.
Male **V/v** an: Heute ist Vollmond.

> Vollmond • brav • versteht • Pullover • nervös • von • bevor • vor

Heute ist ⬤ . Theo und sein Bruder Liam schlafen ⬤ .

Plötzlich wacht Theo auf. Warum zieht Liam seinen ⬤ an?

Theo ⬤ das nicht. Jetzt hört er aber seltsame Geräusche.

Sie kommen ⬤ seinem Bruder. Theo wird langsam ⬤ .

Er ruft ⬤ Schreck laut: „Mama!"

Da fängt Liam an zu lachen

und sagt: „April, April!"

⬤ beide wieder einschlafen,

schwört Theo leise: „Rache!"

6 Bilde passende Verben mit **vor-** und **ver-**. Schreibe die Sätze ab.
Unterstreiche die Wortbausteine **vor-** und **ver-**: Du musst ...

Du musst lauter reden. Ich kann dich nicht ⬤ .

In den Ferien darf ich mit meinem Freund ⬤ .

Ich darf die Lösung nicht ⬤ .

Wir haben ⬤ , deshalb kam ich zu spät zur Schule.

> schlafen
>
> reisen
>
> stehen
>
> sagen

7 Schreibe auf: Ein Wesen mit V: Vampir, ...

| Ein „Wesen" mit V: | Ein Name mit V: | Ein Tier mit V: |

| Eine Blume mit V: | Ein Gefäß mit V: | Eine Zahl mit V: |

8 Bilde mit Merkwörtern mit **V/v** mindestens fünf eigene Sätze.
Benutze möglichst viele Wörter mit **V/v**.

Nomen

1 Was kannst du auf den Bildern sehen?
Schreibe zu jedem Bild das passende Nomen:
1 Frau, 2 …

Blume	Baum
Lampe	Frau
Vogel	Junge
Fisch	Hose

2 Ordne die Nomen von Aufgabe 1.
Male alle großen Anfangsbuchstaben an:
Menschen: Frau, …
Tiere: …
Pflanzen: …
Dinge: …

3 Schreibe den vollstandigen Text ab. Ergänze dabei die fehlenden
Anfangsbuchstaben der Nomen.
Niklas und …

○iklas und sein ○ruder sitzen
vor dem ○ernseher
und gucken einen ○ilm mit ○äubern.
Plötzlich knackt es vor dem ○enster.
Was war das? Auch ein ○äuber?
Nein, es ist die ○atze.

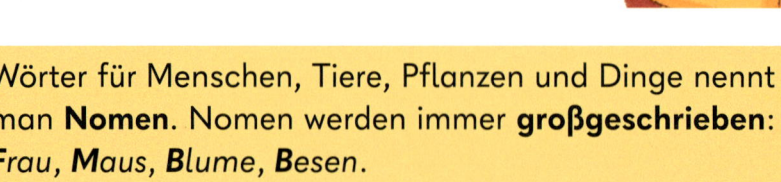

> Wörter für Menschen, Tiere, Pflanzen und Dinge nennt
> man **Nomen**. Nomen werden immer **großgeschrieben**:
> *F*rau, *M*aus, *B*lume, *B*esen.

4 Suche die Anfangsbuchstaben und schreibe die Nomen auf.
Manchmal gibt es mehrere Möglichkeiten: Igel, ...

◯gel   ◯öffel   ◯aum   ◯uch

◯isch   ◯ase   ◯atze   ◯eft   ◯anne

5 Was siehst du auf dem Bild?
Schreibe mindestens acht Nomen auf: Comic, ...

6 Finde für jede Zeile vier Nomen. Die Wörterliste hilft dir.
Menschen: Mädchen, ...
Tiere: ...
Pflanzen: ...
Dinge: ...

7 Schreibe den Text ab. Ersetze die Bilder durch Nomen.
Denke an den großen Anfangsbuchstaben: Minka ist ...

Minka ist eine neugierige .

Jeden Morgen springt sie auf die .

vor dem .

Dort beobachtet sie einen .

Sobald sie aber mit ihrer ~~~~~~

 erschnuppert, läuft sie

schnell zurück in die .

Artikel

1 Schreibe die Nomen mit dem Artikel **der**, **die** oder **das** auf:
das Auto, …

◯ Auto ◯ Brot ◯ Blume ◯ Heft

◯ Vogel ◯ Kerze ◯ Nase ◯ Stern

2 Trage die Wörter aus den Luftballons in eine Tabelle ein:

ein	eine
Heft	Kerze
…	…

3 Schreibe den Text mit den Artikeln **der**, **die**, **das** auf:
Unterstreiche alle Artikel: Heute muss Pia das …

Heute muss Pia ◯ Zimmer aufräumen.

In ◯ Kiste kommt ◯ Sack mit Legosteinen

und in ◯ Regal ◯ Puppe.

Auf ◯ Bett gehört ◯ Hund.

Pia hat sich ◯ Eis als Belohnung

wirklich verdient.

Nomen haben Begleiter. Sie heißen Artikel.
Bestimmte Artikel: •*der* Kürbis, •*die* Kette, •*das* Bild.
Unbestimmte Artikel: •*ein* Kürbis, •*eine* Kette, •*ein* Bild.

4 Setze die Nomen zusammen.
Schreibe sie mit dem unbestimmten Artikel auf: *eine Kirsche, ...*

Kir	Gur	Ap	Bir	Pfir	Zwie

bel	sich	ke	fel	ne	sche

5 Schreibe nur die Dinge auf, die in eine Spielkiste gehören.
Schreibe vor jedes Ding
den bestimmen Artikel: *der Ball, ...*

6 Passt der bestimmte oder der unbestimmte Artikel besser?
Schreibe den Text ab und setze passende Artikel ein.

Henry sieht ◯ Schnecke.
Er nimmt ◯ Schnecke in die Hand.

◯ Fahrrad meiner Mutter ist kaputt.
Sie muss sich ◯ neues Fahrrad kaufen.

◯ Hund bellt.
Es ist ◯ Hund mit dem schwarzen Fell.

Marie findet ◯ Mütze auf der Straße.
◯ Mütze hat viele Punkte.

Einzahl und Mehrzahl

1 Was siehst du wie oft?
Schreibe die Wörter und die Anzahl auf: 3 Lampen, …

Lampen • Puppen • Taschen • Blumen • Hosen • Bücher • Bausteine

2 Schreibe die Nomen in der Einzahl und der Mehrzahl auf.
die Katze – die Katzen, …

 die Katze – die ◯

 der Schuh – die ◯

 das Schiff – die ◯

 die Wolke – die ◯

 der Fisch – die ◯

 das Auto – die ◯

3 Schreibe die Nomen mit Artikeln ab und finde die Einzahl:
die Hefte – das Heft, …

Hefte • Tische • Frauen • Ringe • Haare • Blumen • Brücken

Nomen gibt es in der **Einzahl** und in der **Mehrzahl**.
Der Artikel in der Mehrzahl heißt immer **die**.
der Schuh – **die** Schuhe, *das* Tuch – **die** Tücher

Das bin ich S. 38

4 In jeder Reihe steht ein Nomen in der Einzahl. Schreibe nur die Nomen in der Mehrzahl mit dem Artikel auf: die Schiffe, …

Schiffe • Hosen • Lieder • Tische • Pflanze

Namen • Schwestern • Zahl • Tüten • Mützen

Häuser • Taschen • Sätze • Platz • Kreise

Lampe • Schuhe • Kinder • Köpfe • Schüsseln

5 Schreibe nur die Nomen aus dem Text auf, die in der Einzahl stehen: Timo, Oma, …

Timo schreibt seiner Oma einen Brief.
Er holt sich bunte Stifte und ein weißes Blatt.
Zuerst malt er ein Pferd und seine Katze.
Dann schreibt er von dem Fest in der Schule,
bei dem er ein Ritter war. Seine Mutter hat davon
viele Fotos gemacht. Eins davon steckt er mit in den Umschlag.

6 Schreibe zur Einzahl die Mehrzahl auf. Schreibe, was dir auffällt.
der Koffer – die Koffer, …

Koffer • Kuchen • Messer • Mädchen • Lehrer • Löffel

7 Schreibe nur die drei Sätze ab,
in denen **alle** Nomen in der Mehrzahl stehen.
Alina liest gerne ein Buch auf dem Bett.
      Die Lampen auf den Tischen leuchten hell.
Auf der Straße spielen Kinder mit Bällen.
      In Zoos schlafen einige Tiere in Käfigen.
In allen Klassenzimmern schreiben wir in unsere Hefte.

Zusammengesetzte Nomen

1 Aus zwei Nomen kann eines werden.
Schreibe die zusammengesetzten Nomen auf:

Obst + Torte = Obsttorte, …

Obst + Torte 🍰 = ○

Auto + Tür 🚪 = ○

Tisch + Bein 🦵 = ○

Wurst + Brot 🍞 = ○

Hand + Ball 🏀 = ○

> Zusammengesetzte Nomen sind ein Wort.

2 Bilde zusammengesetzte Nomen.
Schreibe sie mit dem Artikel auf: das Würfelspiel, …

Würfel

Karten

Murmel

Schach

Spiel

Auto

Wäsche

Reifen

Sitz

Fenster

3 Zerlege die zusammengesetzten Nomen.
Schreibe alle Nomen mit Artikeln auf:
die Haustür = das Haus + die Tür, …

> Findest du heraus, welches Nomen den Artikel vorgibt?

Haustür	Vogelhaus
Spielplatz	Sportschuh
Teetasse	Tierbuch
Gartenbank	Schatzkiste

4 Schreibe die Sätze vollständig auf:

Ein Haus im Garten ist ein Gartenhaus.

Ein Haus im Garten ist ein ⬤ .

Ein Kuchen mit Birnen ist ein ⬤ .

Ein Brot mit Butter ist ein ⬤ .

Ein Eimer für den Müll ist ein ⬤ .

Ein Stiefel aus Gummi ist ein ⬤ .

5 Schreibe diese Nomen als zusammengesetzte Nomen auf:

Fußball, Ballnetz, …

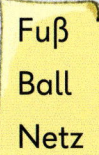
Fuß
Ball
Netz

Wörter
Buch
Seite

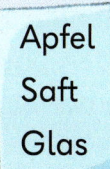
Apfel
Saft
Glas

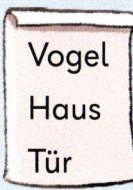
Vogel
Haus
Tür

Winter
Reise
Tasche

6 Finde die zusammengesetzten Nomen im Text.
Schreibe sie mit Artikel heraus und zerlege sie:

der Tierpark = das Tier + der Park, …

Der Tierpark hat neu eröffnet.

Ein Holzschild zeigt den Besuchern den Weg.

Im Ziegenstall darf man die Ziegen streicheln und füttern.

Der Futterautomat ist sehr begehrt.

Im Affengehege spielen die Affen mit einem kleinen Fußball.

Es gibt auch einen Spielplatz für die Pause.

7 Finde die zusammengesetzten Nomen zu den Bildern:

der Strohstern = das Stroh + der Stern, …

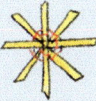   

Verben

1 Ordne den Bildern die passenden Verben zu.
Schreibe sie auf: Gespenster spuken, …

fahren

spuken

spielen

riechen

bellen

fegen

2 Was tun Kinder in der Schule?
Schreibe die Sätze mit den passenden Verben auf:
Die Kinder schreiben in der Schule. Die Kinder…

schreiben • fliegen • malen • lernen • lesen
hupen • lachen • essen • turnen

3 Schreibe die Sätze ab. Unterstreiche das Verb.
Male die Endung an: Ich koch<u>e</u> Spaghetti. Du …

Ich koche Spaghetti.

Du kochst Marmelade.

Er/Sie/Es kocht Kartoffeln.

Wir kochen Eier.

Ihr kocht Pudding.

Sie kochen Gemüsesuppe.

Verben sagen, was Menschen, Tiere, Pflanzen und Dinge tun.
Verben werden **kleingeschrieben**: *rennen, fressen, fliegen.*
Verben können sich **verändern**: *Ich trinke. Du trinkst.*

4 Was macht Max gerade?
Schreibe Sätze zu den Bildern. Male die Endung an:
Max malt. Max …

malen

hüpfen

pfeifen

schwimmen

kochen

5 Was machst du gerne? Schreibe die Sätze aus Aufgabe 4 mit **Ich**.
Male die Endung an: Ich male gerne. Ich …

6 Welche Verben fehlen?
Schreibe die Sätze vollständig ab.

Die Pferde ⬤ Hafer.

Die Schnecken ⬤ über den Boden.

Die Katze ⬤ auf den Baum.

Die Mücke ⬤ durch das Zimmer.

Der Käfer ⬤ über das Blatt.

Der Fisch ⬤ im Wasser.

7 Verben können sich verändern.
Finde die passenden Verbformen.
Male an, was sich verändert: Ich fahre. Du fährst. …

| ich • du • er • wir | fahren • fährt • fahre • fährst |
| ihr • Max und Lea | fahren • fahrt |

Adjektive

1 Wie sind diese Dinge?
Schreibe zu jedem Bild das passendes Adjektiv:

1 spitz, 2 …

spitz
sauer
kalt
hell
rund
braun
eckig

2 Schreibe den Text ab. Unterstreiche die Adjektive:

Der Clown ist dünn. Seine …

Der Clown ist dünn.

Seine Haare sind rot.

Seine Schuhe sind groß.

Seine Hose ist blau.

Seine Brille ist kaputt.

3 Finde die Gegensatzpaare:
jung – alt, …

jung	hell	billig		klein	dunkel	alt
warm	groß	weich		kalt	hart	teuer

> Wörter, die sagen, wie etwas ist, nennt man **Adjektive**: *klein, groß, rot.*
> Mit **Adjektiven** kann man genau beschreiben:
> *der Junge – der **große** Junge*

4 Finde zu jedem Bild ein passendes Adjektiv:
Die Schnecke ist langsam. ...

5 Finde zu jedem Adjektiv den Gegensatz: krank – gesund, ...

krank   lang   laut   dick   sauber   schwer   böse

6 Schreibe alle Adjektive vor die Nomen:
die spannende Aufgabe, ...

die Aufgabe – spannend   die Bücher – schwer

die Stimme – laut   das Pferd – schnell

der Stein – hart   die Sonne – gelb

der Witz – lustig   die Watte – weich

7 In diesem Text passen die Adjektive nicht. Schreibe die Sätze auf.
Verwandle dabei alle Adjektive in ihren Gegensatz.
Unterstreiche die Adjektive: Auf dem Schulhof ist es laut. Tim ...

Auf dem Schulhof ist es leise. Tim rennt langsam zu Jana.
Er will ihr einen traurigen Witz erzählen. Auf dem
Weg stolpert er über einen kleinen Stein. Er fällt
hin und landet auf dem sauberen Boden. Seine
Hose hat jetzt einen hellen Fleck und er hat sich
das Knie verletzt. Er humpelt schnell zu seiner
Lehrerin, um sich ein Pflaster zu holen.

Wortstamm und Wortfamilie

1 Bilde Wörter. Unterstreiche den Wortstamm **Freund**:
die <u>Freund</u>lichkeit, ...

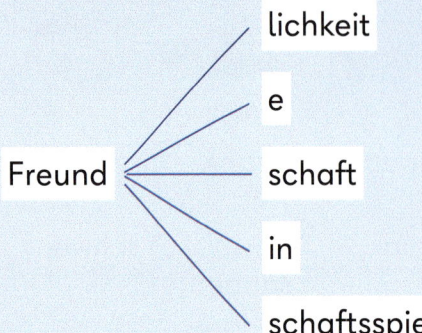

Freund — lichkeit / e / schaft / in / schaftsspiel

2 Schreibe die Wörter auf. Unterstreiche den Wortstamm **Deck/deck**:
<u>Deck</u>e, ab<u>deck</u>en...

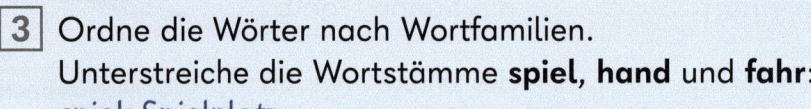

Decke • abdecken • zudecken • bedecken
Deckenlampe • entdecken • aufdecken
wiederentdecken • Deckblatt • Tischdecke

3 Ordne die Wörter nach Wortfamilien.
Unterstreiche die Wortstämme **spiel**, **hand** und **fahr**:
<u>spiel</u>: <u>Spiel</u>platz, ...
<u>hand</u>: ...
<u>fahr</u>: ...

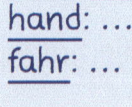

Spielplatz   Hand   Gefahr   Fußballspiel   Fahrkarte
Behandlung   verfahren   Spielstein   Handarbeit
spielen   Handtuch   Spieler   Ausfahrt   spielerisch
verhandeln   Einfahrt   Spielzeug   überfahren

> Jedes Wort hat einen **Wortstamm**, der meist gleich bleibt.
> Wörter mit dem gleichen Wortstamm bilden eine **Wortfamilie**:
> ein**pflanz**en, die Topf**pflanze**, der **Pflanz**enname.

4 Schreibe alle Wörter mit dem Wortstamm **steck** ab.
Unterstreiche den Wortstamm: Be<u>steck</u>, ...

Messer, Gabel und Löffel nennt man Besteck.

Für Stecker gibt es an den Wänden Steckdosen.

Oma möchte sich eine Brosche anstecken.

Eine Nadel mit Kopf ist eine Stecknadel.

5 Ein Wort in jeder Zeile passt nicht in die Wortfamilie.
Schreibe nur die Wörter der Wortfamilien.
Unterstreiche den Wortstamm: <u>salz</u>: <u>salz</u>ig, ..., <u>spinn</u>: ..., <u>süß</u>: ...

salzig	Salzstreuer	versalzen	Salami

Spinne	Spiegel	Kreuzspinne	Spinnennetz

zuckersüß	Süppchen	süßlich	Süßigkeit

6 Setze die Wörter der Wortfamilie **freund** passend ein
und schreibe den Text. Unterstreiche den Wortstamm:
Finn ist mein bester <u>Freund</u>. Wir ...

Finn ist mein bester ◯.

Wir sind schon seit der 1. Klasse ◯.

Finn ist immer nett und ◯ zu mir.

Er hat auch schon in mein ◯ geschrieben.

Unser gemeinsamer ◯ heißt Tim.

Unsere ◯ soll noch lange halten,

denn jeder Mensch braucht einen ◯ oder eine ◯.

Freund	freundlich	Brieffreund	Freundschaft

Freundin	befreundet	Freundebuch	Freund

Wörterspiele

1 Bilde Wörterketten. Der letzte Buchstabe muss der erste des nächsten Wortes sein: HAUS, SONNE, ESEL, L…

2 Löse die Geheimschrift: Wichtige …

W■cht■g❖ M❖ld◎ng ▲n ▲ll❖:

W❖nn ■ch r❖d❖, s❖■d ■hr st■ll,

w❖■l ■ch ❖◎ch w▲s s▲g❖n w■ll!

a =	▲
e =	❖
i =	■
u =	◎

3 Denke dir selbst Wörter in dieser Geheimschrift aus. Lasse sie von einem anderen Kind entziffern.

> Denke dir ein Zeichen für o aus.

4 Wähle ein senkrecht gedrucktes Wort aus.
Schreibe zu jedem Buchstaben ein passendes Wort:

S	eilspringen	T	…	E	…	N	…
P	urzelbaum	I	…	S	…	A	…
O	lympiade	E	…	S	…	M	…
R	ennen	R	…	E	…	E	…
T	ischtennis	E	…	N	…	N	…

5 Lies den Text einem anderen Kind vor.
Ersetze die Zahl 8 durch das Wort acht:
Einmal in der Nacht …

Einmal in der N8 sind zwei Kinder aufgew8.

Sie haben lange nachged8 und

sich dann fröhlich angel8.

Der Plan von ihnen in der N8:

N8isch essen um Mittern8.

6 Schreibe fünf Sätze. Alle Wörter sollen mit dem gleichen Buchstaben beginnen. Die Wörterliste hilft dir:

Leon löffelt ...

Reiche Raupen riechen rote Rosen.

Mama malt mir mutige Mäuse.

7 Leon hat seine Hausaufgaben vergessen. Was könnte er der Lehrerin sagen? Schreibe die passende Entschuldigung auf.

Ich hatte keine Lust.

Der Hund hat mein Heft gefressen.

Es tut mir leid. Ich bringe sie morgen mit.

Es gab einen Stromausfall. Ich konnte nichts mehr sehen.

8 Du kommst zu spät in den Unterricht. Was sagst du deiner Lehrerin? Schreibe zwei lustige und eine passende Entschuldigung auf.

9 Diese Wörter kommen aus anderen Sprachen. Findest du das passende deutsche Wort?
Portemonnaie – Geldbeutel, ...

Portemonnaie • Pommes frites • Spaghetti • Mountainbike

Bergfahrrad • Kartoffelstäbchen • lange Nudeln • Geldbeutel

10 Wie heißt es auf Englisch? Ordne zu: Guten Morgen! - ...

Guten Morgen!	How are you?
Gute Nacht!	My name is ...
Wie geht es dir?	Good night!
Ich heiße ...	Good morning!

Wortbausteine

1 Schreibe die Verben mit den Wortbausteinen auf: *vorstellen, ...*

vor	stellen sagen geben lesen	über	geben legen treiben lassen	nach	denken machen spielen geben

2 Schreibe die Sätze mit den passenden Verben auf.

Peter darf nicht beim Sitznachbarn ◯.
Frau Müller möchte die Hefte ◯.
Farwa kann das Geschirr ◯.
Sebastian muss die Bausteine ◯.
Olga muss den Test ◯.

einsammeln
abschreiben
nachschreiben
aufräumen
abwaschen

3 Schreibe die Sätze mit den passenden Verben:
Wir werden heute wieder...

anfahren   wegfahren   mitfahren   abfahren

Wir werden heute wieder ◯.   Das Auto wird gleich ◯.

Jette darf mit Papa ◯.   Der Schulbus wird bald ◯.

4 Bilde neue Verben mit Wortbausteinen: ausbleiben, ...

> **Wortbausteine**
> aus • ein • über
> vorbei • weg • hin

> **Verben**
> bleiben • gehen
> fragen • hängen

5 Schreibe jeden Satz mit dem passenden Wortbaustein:
Lisa will Max das Auto ...

Lisa will Max das Auto ⭘ nehmen.

Familie Merk will heute etwas ⭘ nehmen.

Nora muss den Turnbeutel ⭘ nehmen.

Tom möchte das Lied ⭘ nehmen.

6 Finde möglichst viele Verben mit den Wortbausteinen **ein** und **zu**.
Schreibe sie auf: einpacken, ...

7 Finde zu den Verben möglichst viele Wortbausteine.
Schreibe sie auf: weghören, ...

hören   werfen

Aussagesätze und Fragesätze

1 Schreibe den Text ab. Setze nach jedem Aussagesatz einen Punkt.
Schreibe jeden Satzanfang groß:
Zusammen backen …

zusammen backen Lukas und Oma Obstkuchen

aus dem Keller holt Lukas die Äpfel

bald ist der Kuchen fertig

warmen Kuchen findet Opa besonders lecker

2 In dem Text fehlen sieben Punkte.
Schreibe den Text mit Punkten auf: *Heute gehen …*

Heute gehen wir Schlittschuh laufen Wir müssen
uns Schlittschuhe ausleihen Die Eisfläche ist sehr
voll Ich laufe so schnell ich kann Leider schaffe
ich es nicht um die Kurve Ich falle auf den Po
Mama lacht und hilft mir wieder hoch

3 Bilde Fragesätze. Denke an das Fragezeichen
am Satzende: *Wer löscht … ?*

löscht	Wer	brennende	Häuser
leben	Elefanten	Wo	
man	Silvester	feiert	Wann
bastelt	man	Wie	einen	Papierflieger

Am **Satzanfang** schreibt man **groß**.
Nach **Aussagesätzen** steht ein **Punkt**:
Die Fenster sind festlich geschmückt.
Nach **Fragesätzen** steht ein **Fragezeichen**: *Wann ist Neujahr?*

4 Suche zu jeder Frage die passende Antwort.
Denke an die Satzzeichen am Ende der Sätze:
1. Was malst du da? Ich male …

| 1. Was malst du da ● | 2. Wieso hat sie keinen Schwanz ● | 3. Warum haben Katzen einen Schwanz ● |

| Den male ich zum Schluss ● | Er ist wichtig für ihr Gleichgewicht ● | Ich male eine Katze ● |

5 Welches Fragewort passt? Schreibe die Fragen auf:
Was ist heute …

Wer
Warum
Welcher
Was
Wo

○ ist heute in meiner Frühstücksdose?

○ stelle ich meinen Schulranzen ab?

○ muss ich Hausaufgaben machen?

○ spielt mit mir?

○ Bleistift könnte meiner sein?

6 Finde selbst Fragesätze und Aussagesätze.

AH S. 44

Satzarten und Satzschlusszeichen

1 Schreibe die Aussagesätze und die Fragesätze ab.
Setze die Satzschlusszeichen: Das ist ...

Siehst du den Käfer auf der Blume

Ja, ich weiß auch wie er heißt

Wie viele Punkte hat er

Das ist ein Marienkäfer

Klar, ich habe keine Angst

Traust du dich, ihn auf den Finger zu nehmen

2 Lies die Ausrufe laut vor. Schreibe sie ab. Setze die Ausrufezeichen.
Ist der ... !

Ist der süß   Pass auf   Achtung   Sei vorsichtig   Wie schön

3 Sprich die Sätze in strengem Ton mit Nachdruck.
Schreibe sie mit Satzzeichen auf: Gib das her!

Gib das her

Hört auf zu streiten

Lass mich in Ruhe

Nach **Aussagesätzen** steht ein **Punkt**.
Nach **Fragesätzen** steht ein **Fragezeichen**.
Nach einem **Ausruf** steht immer ein **Ausrufezeichen**.
Oh je! Hurra! Bis später! Vorsicht! Toll!
Nach **Aufforderungssätzen** steht ein **Ausrufezeichen**,
wenn die Aufforderung **mit Nachdruck** gesprochen wird.

4 Lies die Aufforderungen. Auf welchem Bild spricht die Lehrerin freundlich, auf welchem mit Nachdruck? Schreibe zu jedem Bild die zwei Sätze auf. Setze die Schlusszeichen **.** oder **!**

Bild 1: Setzt euch ...   Bild 2: Setzt euch ...

Setzt euch auf eure Plätze ⬤   Holt euer Lesebuch heraus ⬤

5 Schreibe den Text ab. Ergänze die Satzzeichen: Wir gehen ...

Wir gehen heute in eine Sprunghalle Warum ist die Schlange
an der Kasse so lang Jemand rempelt mich von hinten an
Pass doch auf Endlich kommen wir an die Reihe Welches Trampolin
werden wir wohl heute bekommen Hurra, es geht los

6 Wozu fordert die Mutter Lara auf? Schreibe Aufforderungssätze:
Füttere die Katze! ...

Nicht wieder vergessen!

Katze füttern
Hände waschen
einkaufen gehen
Zimmer aufräumen

7 Schreibe die Aufforderungssätze jetzt freundlich.
Benutze diese Satzanfänge.

Überlege, welches Satzzeichen passt.

Bitte ...   Es wäre nett, wenn du ...

Vergiss nicht ...   Kannst du bitte ...

Kleine Texte schreiben

1 Schreibe das Rätsel ab, das zu diesem Gegenstand passt.

Es hat zwei Räder und eine hohe Lenkstange. Man steht auf einem Brett. Was ist das?

Es hat zwei Räder und einen Lenker. Man sitzt auf einem Sattel und muss treten. Was ist das?

Es hat vier Räder und einen Motor. Man braucht dafür einen Führerschein. Was ist das?

2 Beschreibe diesen Gegenstand als Rätsel.
Die Wörter helfen dir. Er hat ...

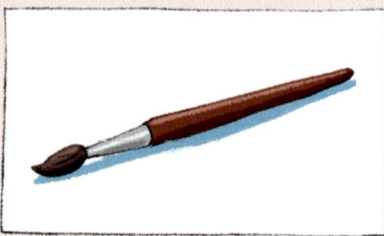

Griff aus Holz

hat feine Haare

malen

Rätsel
Was ist das?
Er hat ...

aus Papier

hat einen Umschlag

etwas hineinschreiben

bunt

hat einen Reißverschluss

Stifte darin aufbewahren

3 Hier haben sich die Stichworte für **Hase** und **Amsel** vermischt. Wähle ein Tier und beschreibe es als Rätsel: Das Tier hat ...

hat schwarze Federn	hat lange Ohren
hat ein weiches, braunes Fell	hat einen gelben Schnabel
schlägt Haken auf der Flucht	singt im Frühling
knabbert Gemüse und Körner	frisst gerne Würmer
baut sich ein Nest	hoppelt über die Felder

4 Schreibe ein Rätsel. Beschreibe eines dieser Tiere genau.

5 Beschreibe eine dieser Personen. Lass ein Partnerkind erraten, wen du beschrieben hast. Das Kind hat ...

Achtung: Dein Partner muss diese Person auch kennen!

6 Beschreibe eine Person, die du kennst. Lass eine andere Person erraten, wen du meinst. Meine Person ...

Geschichten planen

1 Welche Stichworte passen zu diesem Bild?
Schreibe sie auf: schöner Tag ...

schöner Tag im Oktober

Regenwetter   Familie

Äpfel ernten   der Ball rollt

großer Hund   Apfel fällt

alle lachen

Feuerwehr im Anmarsch

Frederik weint   Sternenhimmel

trösten   alle fröhlich

2 Wähle die Sätze aus, die zum Bild passen.
Schreibe die Geschichte auf: Es ist ein ...

Es ist ein schöner Tag im Oktober.
Frederik ist mit seiner Familie
auf der großen Wiese.
Der Regen macht die Wiese nass.
Sie ernten die leckeren Äpfel.
Der Hund zerrt an der Leine.
Plötzlich fällt Frederik ein Apfel
direkt auf den Kopf.
Alle lachen, weil es lustig aussieht.
Frederik weint.
Die Feuerwehr ist im Anmarsch.
Zum Trost gibt es nach der Ernte ein Eis.

3 Schreibe die Geschichte mithilfe der Stichworte auf.
Gib der Hauptperson einen Namen.
Denke dir ein Ende für deine Geschichte aus.

Taschengeld bekommen.

Eis kaufen   freut sich

hält Eis ganz fest

Hund liegt an der Tür

stolpert   ???

4 Überlege, wie die Geschichte weitergeht.
Ergänze die Stichworte: Bäckerei, …

Bäckerei

Laden voll

…

…

…

…

…

Es hilft, Stichworte zu notieren, bevor du eine Geschichte aufschreibst.

5 Schreibe die Geschichte auf.
Denke an die Namen der Personen.
Schreibe eine Überschrift.

Geschichten entwickeln

1 Wähle einen Geschichtenanfang aus. Schreibe ihn auf. Lass die erste Zeile für die Überschrift frei.

| Am Nachmittag läuft Emilio mit einer Tasche an der großen Berliner Straße entlang. | Karol hat sich nach der Schule allein auf den Weg gemacht. An der Ampel überquert er die große Straße. |

2 Wähle dann eine Fortsetzung aus und schreibe sie dazu.

| Er will seine Freundin Lisa besuchen. Sie wohnt in einem Haus am Wiener Platz. An der nächsten Kreuzung ist er plötzlich durcheinander. Muss er hier nach rechts oder links? | Er soll noch beim Bäcker ein Brot kaufen. Als er fast beim Laden ist, sieht er, wie eine Verkäuferin die Werbeschilder in den Laden holt. Oh nein! Die Bäckerei schließt! |

3 Wie geht die Geschichte weiter? Wähle die zweite Fortsetzung passend aus und schreibe sie darunter.

| Er flitzt los, so schnell er kann. Die Verkäuferin will gerade die Tür zumachen, da ruft er: „Ich brauche doch ein Brot!" Die Verkäuferin lässt ihn noch schnell herein. Mit seinem Brot macht er sich auf den Heimweg. | Verunsichert bleibt er stehen. Wie muss ich jetzt gehen? Langsam dreht er sich und schaut in alle Richtungen. Plötzlich sieht er das Haus mit dem grünen Dach. Das kennt er. Da ist der Wiener Platz. Erleichtert geht er weiter. |

4 Überlege dir eine passende Überschrift für deine Geschichte.

Jo-Jo 2

mit FRESCH-Strategien

Name

220058670

Sprachbuch
Das kann ich schon

Cornelsen

Silben schwingen

1 Sprich die Wörter leise und schwinge sie mit der Hand.
Zeichne die Silbenbögen.

Eis   Gabel   Topf   Maulwurf

2 Schreibe die Wörter unter die Bilder. Zeichne die Silbenbögen.

3 Ordne die Wörter aus Aufgabe 1 und 2 in die Tabelle ein.

Diese Seite fand ich   ○ leicht   ○ mittel   ○ schwer

Ordnen und nachschlagen

Datum: _____

1 Verbinde zuerst die Buchstaben des ABC in der richtigen Reihenfolge.
Es entsteht ein Tier. Male es an.

2 Schreibe die Wörter nach dem ABC geordnet auf.

Oma • Ampel • Esel • Uhr

spülen • fangen • laufen • wollen

Gabel • trinken • Cent • dunkel

3 Ordne auch diese Wörter nach dem ABC.
Schreibe die richtigen Nummern in die Kreise.

◯ Schiffe	◯ Feder	◯ Bruder
◯ Hosen	◯ Frau	◯ Bank
◯ Lieder	◯ Fisch	◯ Blume
◯ Tische	◯ Fuß	◯ Bild

Diese Seite fand ich   ◯ leicht   ◯ mittel   ◯ schwer

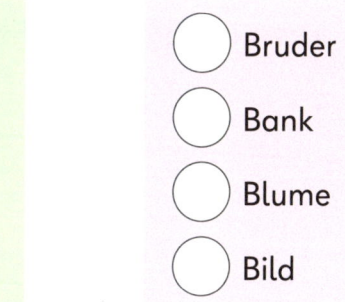

Selbstlaute und Mitlaute

1 Wie heißen diese Tiere? Setze die Selbstlaute ein.

Pf___rd   V___g___l   H___nd   F___sch   ___l___f___nt

___ff___   ___nt   K___tz   F___chs   Kr___k___d___l

2 Schreibe alle Wörter auf, die mit Mitlauten beginnen.

Hund • Katze • Esel • Stern • Obst • Schnee • Affe • Mann • Tisch

3 Schreibe den Text mit den passenden Selbstlauten auf.

✿ff◆n fr◆ss◆n g◆rn B✿n✿n◆n.

J✢j✢ fr✤sst l✤◆b◆r s✤n F◎tt◆r.

a = ✿
e = ◆
i = ✤
o = ✢
u = ◎

---

4 🐕 Diese Seite fand ich   ○ leicht   ○ mittel   ○ schwer

Wörter mit ie ⌣

1 Verbinde die Wörter mit den passenden Bildern. Trage **ie** ein.

S ___ b   Br ___ f   D ___ b   Zw ___ bel   B ___ ne

2 Kreise alle 10 Wörter mit **ie** ein.

A	S	S	P	I	E	L	M	K
S	W	I	E	S	E	H	G	N
I	T	P	B	R	I	E	F	I
E	R	I	E	S	E	Z	N	E
B	W	J	U	N	T	I	E	R
A	B	I	E	N	E	E	O	V
Z	L	I	E	B	E	L	D	K

3 Schreibe die Wörter aus Aufgabe 2 auf.
Male **ie** an.

_____

_____

_____

Diese Seite fand ich ○ leicht ○ mittel ○ schwer

Ableiten: Wörter mit ä und äu ⚡   Datum: _____

1   Verbinde die Wortpaare. Schreibe **ä** und **äu** in die Lücken.

backen	laufen	Zaun	Ast

die L___fer   die Z___ne   die ___ste   der B___cker

2   Schreibe die Wortpaare auf: Male **a–ä, au–äu** an.

\
\
\
\
\
\
\

3   Schreibe verwandte Wörter mit **a** und **au**.

Nächte _____   wärmer _____

Bäume _____   kälter _____

Fäuste _____   sie läuft _____

Mäuse _____   er trägt _____

🔍   Diese Seite fand ich   ○ leicht   ○ mittel   ○ schwer

Merkwörter mit V/v Ⓜ

1 Trage die Wörter in das Rätsel ein.

KURVE • VERBAND • PULLOVER • VENTIL
VORHANG • VAMPIR • OLIVEN • KLAVIER

2 Die Lösung lautet: _____

3 Welche Wörter mit **V** oder **v** sind gemeint?

ein Elternteil	er kann fliegen	eine Zahl	Gefäß für Blumen

Verlängern: Wörter mit b, d und g ↪ Datum: _____

1 Schreibe die Verlängerung auf.
Kreise dann den richtigen Buchstaben ein.

Kor $\begin{smallmatrix} b \\ p \end{smallmatrix}$ _____

Fel $\begin{smallmatrix} d \\ t \end{smallmatrix}$ _____

Zwer $\begin{smallmatrix} k \\ g \end{smallmatrix}$ _____

Mona $\begin{smallmatrix} d \\ t \end{smallmatrix}$ _____

Han $\begin{smallmatrix} d \\ t \end{smallmatrix}$ _____

Köni $\begin{smallmatrix} k \\ g \end{smallmatrix}$ _____

2 Suche bei den Adjektiven die passende Verlängerung.
Setze den richtigen Buchstaben ein.
Schreibe die Wortgruppe auf.

der harte Knochen

har _____

gel _____

kal _____

gesun _____

wil _____

run _____

 Diese Seite fand ich ○ leicht ○ mittel ○ schwer

Wörter mit doppelten Mitlauten Datum: _____

1 Trage die richtigen Mitlaute ein. Zeichne Silbenbögen.

Te___er   We___e   So___e   Bu___er   Ha___er

Ka___e   Ra___e   A___e   Mu___er   Ko___er

2 Setze die Silben richtig zusammen. Schreibe die Wörter auf.

Zim	Rol	Was	Tel	Son	Wan
	Him	Pup	ne	ler	
ne	mer	ser	mel	pe	le

3 Übermale in jedem Wort den doppelten Mitlaut.

Nomen und Artikel

1 Welche Wörter sind Nomen? Kreise sie ein.
Schreibe sie mit dem bestimmten Artikel auf.

Kind   spielen   Tee   Obst   denken

heiß   Krone   dunkel   hier   lernen   Name

Stift   Tier   Mädchen   laufen   gut

_____

_____

_____

2 In jeder Zeile hat ein Nomen einen anderen Artikel als die anderen.
Streiche das Kuckucksei durch.

Apfel   Birne   Hof   Bauer

Blatt   Dach   Daumen   Buch

Ameise   Erde   Haus   Tüte

3 Schreibe zu jedem bestimmten Artikel mindestens zwei Nomen.

der _____

die _____

das _____

10 Diese Seite fand ich   ◯ leicht   ◯ mittel   ◯ schwer

Verben

1 Ordne jedem Verb das passende Bild zu.

1

2

3

4

5

◯ melden   ◯ graben   ◯ schaukeln   ◯ winken   ◯ weinen

2 Finde die passenden Verbformen und schreibe sie auf.

ich   du   er   sie   es   wir   ihr   sie (alle)

lachen   lacht   lache   lachst   lachen   lacht

ich _____   wir _____

du _____   ihr _____

er _____   sie _____

3 In jedem Wort ist ein Verb versteckt.
Kreise es ein und schreibe es in der Grundform auf.

Hustensaft   Backofen   Schreibheft

_____

_____

Einzahl und Mehrzahl

Datum: _____

1 Schreibe die Nomen in der Mehrzahl auf.
Setze vor jedes Nomen den bestimmten Artikel.

Auto   Heft   Hase   Kind   Glas   Vogel   Fenster

_____

_____

_____

2 Male an, was sich bei den Wörtern aus Aufgabe 1 verändert hat.

3 Beschrifte das Kind: eine Nase, zwei Augen, …

Diese Seite fand ich   ○ leicht   ○ mittel   ○ schwer

Wortbausteine

1 Setze die passenden Wortbausteine mit den Verben zusammen.

vor

aus

ein

auf

ab

Eine Katze
verjagen!

schlafen

tragen

kaufen

holen

essen

2 Schreibe zwei Sätze, was Jojo alles kann:
wegrennen, auffressen, verjagen.
Oder: Suche dir zwei Verben aus Aufgabe 1 aus. Bilde Sätze damit.

Adjektive

1 Ein Wort in jeder Zeile ist kein Adjektiv. Streiche es durch.

schwer • dick • laufen • hell • gewaltig • salzig • riesig • jung

süß • sauer • groß • warm • schwimmen • lieb • blau • lecker

rund • bauen • schnell • hoch • hastig • neu • heiß • neugierig

2 Schreibe zu jedem Bild drei passende Adjektive aus Aufgabe 1.

3 Verbinde die Gegensätze. Fünf Buchstaben bleiben übrig.

groß	A		T	dick
dünn	E	R		sauber
schmutzig	K	B		klein
dunkel	U			nass
trocken	S	J	M	hell
		N		

Benutze ein Lineal.

Lösung: Jojos Fell ist _____ .

Diese Seite fand ich ○ leicht ○ mittel ○ schwer

Satzarten

1 Setze die passenden Satzschlusszeichen.

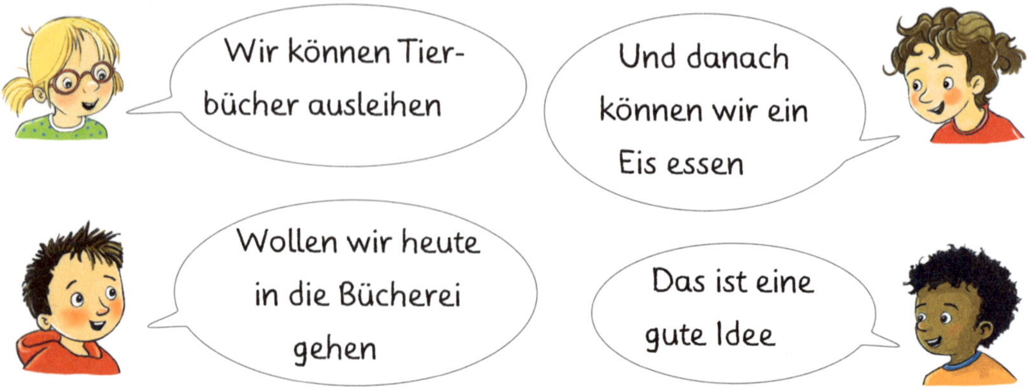

Wir können Tier-
bücher ausleihen

Und danach
können wir ein
Eis essen

Wollen wir heute
in die Bücherei
gehen

Das ist eine
gute Idee

2 Schreibe das Gespräch in einer sinnvollen Reihenfolge auf.

_____

_____

_____

_____

_____

3 Bilde zwei Sätze. Schreibe sie auf. Denke an die Satzschlusszeichen.

möchte   Ich   zwei Kugeln   Eis.   /   kostet   Was   das Eis?

_____

_____

Diese Seite fand ich   ○ leicht   ○ mittel   ○ schwer   15

Eine Bastelanleitung

Datum: _____

1 Ordne die Bastelanleitung. Schreibe sie in der richtigen Reihenfolge auf.

○ Drücke die Hand fest auf das Papier.

○ Du brauchst: Pinsel, Wasserfarbe, weißes und braunes Papier, Schere, Klebstoff.

○ Schneide zum Schluss aus dem braunen Papier einen Blumentopf aus. Klebe ihn auf.

○ Tupfe mit einem Finger Blüten auf das Papier.

○ Bestreiche eine Handfläche mit grüner Wasserfarbe.

Diese Seite fand ich   ○ leicht   ○ mittel   ○ schwer

Eine Monatsgeschichte

Datum: _____

1 Welche Wörter passen zu diesem Monat? Unterstreiche sie.
Trage sie in die Felder ein. Du kannst auch eigene Wörter eintragen.

Sommer • kalt • Regen • Ferien • Freibad • Schnee • Blüten • Blumen

Sonnenschein • Eis • Hitze • frieren • ernten • schwimmen • heiß

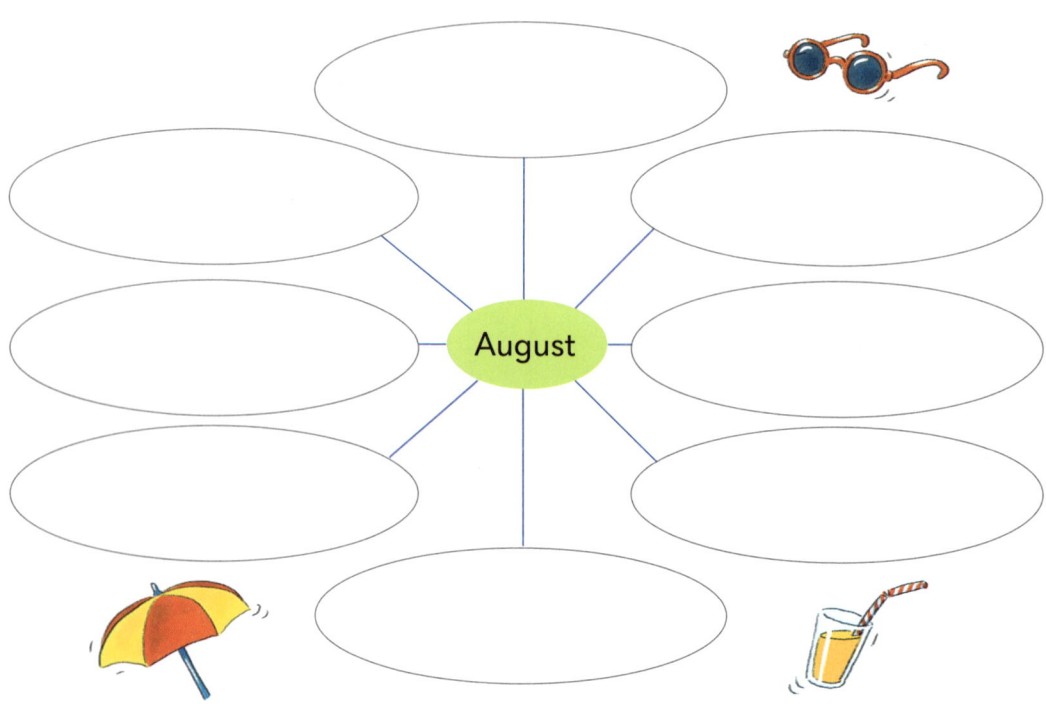

2 Schreibe einen kleinen Text zum Monat August.

Eine Bildergeschichte

1 Nummeriere die Bilder in der richtigen Reihenfolge.

2 Denke dir eine Überschrift aus.

_____

_____

3 Schreibe zu jedem Bild Wörter für deine Bildergeschichte auf.

_____

_____

_____

_____

_____

_____

Diese Seite fand ich ○ leicht ○ mittel ○ schwer

Eine Bildergeschichte

4 Schreibe die Bildergeschichte auf. Denke auch daran, was zwischen den Bildern passiert. Wie könnte das Ende aussehen?

Vorlage zum Führen individueller Kompetenzgespräche

Hier schreibst du zusammen mit deiner Lehrerin oder deinem Lehrer auf, was du schon alles kannst.

Richtig schreiben		Datum	Anmerkungen
Ich kann Silben schwingen.	○		
Ich kann Wörter in Silben gliedern und Wörter aus Silben bauen.	○		
Ich weiß, dass in jeder Silbe ein Selbstlaut steckt (Silbenkönig).	○		
Ich kenne das ABC und kann Wörter nach dem ABC ordnen.	○		
Ich kann Wörter im Wörterbuch finden.	○		
Ich weiß, dass Nomen groß-geschrieben werden.	○		
Ich weiß, dass ich meistens ie schreibe, wenn ich ein langes i höre.	○		
Ich kenne die Zwielaute au, eu, ei.	○		
Ich kann Wörter ableiten und herausfinden, ob sie mit ä oder äu geschrieben werden.	○		
Ich kann Wörter verlängern und herausfinden, ob sie mit d, b oder g geschrieben werden.	○		
Ich schreibe Wörter mit St/st und Sp/sp richtig.	○		
Ich erkenne Wörter mit doppelten Mitlauten und schreibe sie richtig.	○		
Ich kenne Merkwörter mit aa, ee, oo.	○		
Ich kenne Merkwörter mit V/v.	○		

Sprache untersuchen		Datum	Anmerkungen
Ich kenne Nomen und weiß, dass Nomen großgeschrieben werden.	◯		
Ich weiß, dass Nomen Artikel haben, und kenne die bestimmten und die unbestimmten Artikel.	◯		
Ich weiß, dass es Nomen in der Einzahl und der Mehrzahl gibt.	◯		
Ich kann zusammengesetzte Nomen bilden und zerlegen.	◯		
Ich kann die Verkleinerungsformen von Nomen bilden.	◯		
Ich kenne Verben.	◯		
Ich kann Verben mit passenden Vorsilben/Wortbausteinen verändern.	◯		
Ich kenne Adjektive und kann mit ihnen beschreiben.	◯		
Ich kann Selbstlaute, Mitlaute und Umlaute unterscheiden.	◯		
Ich kann lange und kurze Selbstlaute unterscheiden.	◯		
Ich erkenne den Wortstamm von Wörtern und kann Wortfamilien bilden.	◯		
Ich schreibe am Satzanfang groß.	◯		
Ich kann die Satzarten unterscheiden und setze die passenden Satzschlusszeichen: Punkt, Fragezeichen, Ausrufezeichen.	◯		
Ich trenne Aufzählungen durch ein Komma.	◯		

Texte verfassen		Datum	Anmerkungen
Ich kann eigene Texte schreiben, z. B. ein Rätsel aufschreiben, etwas über mich schreiben.	◯		
Ich kann etwas für andere schreiben, z. B. eine Einladung schreiben.	◯		
Ich kann eine Bastelanleitung aufschreiben.	◯		
Ich kann ein Rezept aufschreiben.	◯		
Ich kann in Texten Informationen finden und zusammentragen.	◯		
Ich kann ein Plakat gestalten.	◯		
Ich kann eine Wörtersammlung anlegen und eine eigene Geschichte damit schreiben, z. B. eine Monatsgeschichte oder eine Tiergeschichte.	◯		
Ich kann kleine Gedichte schreiben, z. B. Elfchen oder ein Wortgedicht.	◯		
Ich kann eine Bildergeschichte aufschreiben.	◯		
Ich kann Dinge oder Personen beschreiben.	◯		
Ich kann meine Texte überarbeiten.	◯		
Ich kann Texte vortragen und achte dabei auf die Betonung, Pausen, Lautstärke.	◯		
Ich kann ein Buch auswählen und anderen vorstellen.	◯		
Ich kann Texte zusammenfassen und präsentieren, z. B. im Kamishibai.	◯		

Sprechen und zuhören		Datum	Anmerkungen
Ich kenne und beachte unsere Gesprächsregeln.	○		
Ich kann aufmerksam zuhören.	○		
Ich beteilige mich an Gesprächen.	○		
Ich kann meine eigene Meinung äußern und begründen.	○		
Ich frage nach, wenn ich etwas nicht verstanden habe.	○		
Ich traue mich zu sagen, wie es mir geht und wann ich Hilfe brauche.	○		
Ich spreche deutlich und verständlich, achte auf meine Lautstärke und meinen Tonfall.	○		
Ich kann Fragen zu einem Thema stellen und beantworten.	○		
Ich kann verständlich von Erlebnissen erzählen.	○		
Ich kann einen Sachverhalt verständlich beschreiben.	○		
Ich kann Wünsche formulieren und begründen.	○		
Ich kann im Rollenspiel verschiedene Rollen spielen.	○		
Ich kann mit meinem Gesicht und meinem Körper etwas ausdrücken.	○		

Das hast du gut gemacht.

Jo-Jo Sprachbuch 2 Lernspurenheft
Erarbeitet von Sandra Meeh, und Henriette Naumann-Harms, Redaktion: Gabriela Korup
Illustrationen: Gabriela Silveira, Andrea Hebrock (S. 11, 12, 15), Imke Sönnichsen (Hund Jojo)
Gesamtgestaltung: Heike Börner, orangerie-grafikdesign, Berlin
Technische Umsetzung: Reemers Publishing Services GmbH
Dieses Heft ist Bestandteil des Jo-Jo Sprachbuches 2 (ISBN 978-3-464-80720-0) und
nicht einzeln bestellbar. Es kann im 10er-Pack nachbestellt werden (ISBN 978-3-464-81314-0).

Jo-Jo 2
Sprachbuch

ISBN 978-3-464-1311-9

Name

Cornelsen

220058667

FRESCH: Richtig schreiben

⌣ Schwingen

Sprich das Wort deutlich Silbe für Silbe. Zeichne dabei zu jeder Silbe mit der Schreibhand einen Bogen in die Luft. Gehe zu jeder Silbe einen kleinen Schritt nach rechts. Achte auf:

doppelte Mitlaute: *Sonne*

Wörter mit **ie**: *Wiese*

Jede Silbe hat einen Selbstlaut (Silbenkönig):
Gabel   *Besen*   *Winter*

↪ Verlängern

Verlängere ein Wort, wenn du nicht sicher bist, ob es am Wortende mit **b** oder **p**, **g** oder **k**, **d** oder **t** geschrieben wird.

das Kind ↪ alle Kinder

der Weg ↪ alle Wege

der Korb ↪ alle Körbe

Ableiten

Man schreibt ein Wort mit **ä** oder **äu**, wenn es ein **verwandtes Wort** mit **a** oder **au** gibt:
*die **Ä**pfel – der **A**pfel, tr**äu**men – der Tr**au**m*

Ⓜ Merken

Manche Wörter musst du trainieren, damit du sie richtig schreiben kannst.
Wörter mit **V/v**: *der **V**ogel, die **V**ase, die Kurve*

Großschreibung

Nomen

Wörter für Menschen, Tiere, Pflanzen und Dinge nennt man **Nomen**. Nomen werden immer **großgeschrieben**: *Kind, Hund, Baum, Tisch.*

Nomen haben Begleiter. Sie heißen Artikel.
Bestimmte Artikel: • *der* Igel, • *die* Kastanie, • *das* Blatt
Unbestimmte Artikel: • *ein* Igel, • *eine* Kastanie, • *ein* Blatt

Aussagesätze

Am **Satzanfang** schreibt man **groß**.
Nach jedem **Aussagesatz** steht ein **Punkt**:
Die Kinder basteln einen Schmuckrahmen.

Fragesätze

Nach **Fragen** steht ein **Fragezeichen**:
Wie viele Tage hat eine Woche?

Ausrufe

Nach einem **Ausruf** steht immer ein **Ausrufezeichen**.
Oh je! Hurra! Bis später! Vorsicht! Toll!

Aufforderungssätze

Nach **Aufforderungssätzen** steht ein **Ausrufezeichen**, wenn die Aufforderung mit Nachdruck gesprochen wird.
Mach den Fernseher aus! Räum dein Zimmer auf!

5 Suche dir Stichworte aus.
Schreibe den Anfang der Geschichte.

Wer kommt vor in der Geschichte?
Wo und wann spielt sie? Was geschieht?

Clara und Freunde – Gebüsch – nach der Schule – spielen verstecken	Tarek und Freunde – Gebüsch – am Nachmittag – spielen Naturforscher

6 Wähle Stichworte für die Fortsetzung aus.
Schreibe die Fortsetzung der Geschichte auf.

Etwas Überraschendes passiert.

krabbeln durch Gestrüpp – Pulli bleibt hängen – kommt nicht weiter	sitzen ganz leise unter Busch – merkwürdiges Rascheln – Angst

7 Wähle Stichworte für die zweite Fortsetzung aus.
Schreibe sie auf.

Alles klärt sich.

Was ist das? – ein Igel – krabbelt vorbei – schnaubt – erleichtert	kommt nicht los – wie rauskommen? – Pulli reißt – wieder draußen – Loch

8 Überlege dir eine passende Überschrift für deine Geschichte.

 9 Überlege dir selbst eine Geschichte.
Du kannst dir zuerst Stichworte aufschreiben.
Schreibe zuletzt eine passende Überschrift.

Bildergeschichten aufschreiben

1 Betrachte die Bilder genau. Schreibe die Sätze
in der richtigen Reihenfolge auf:
Hanna schenkt ...

Hanna schenkt Max
einen Blumenstrauß.

Es sind
Pusteblumen.

Da muss Max niesen.

Alle Fallschirmchen
fliegen weg.

Hanna und Max lachen
über die leeren Stängel.

2 Gib dem Jungen einen Namen.
Schreibe zu jedem Bild Stichworte auf.
Oder: Schreibe zu jedem Bild einen oder zwei Sätze.

3 Betrachte die Bilder. Schreibe die Geschichte auf.
Die Stichworte helfen dir.
Schreibe auch eine Überschrift.

1 Käse entdeckt

2 Katze,
was tun?

3 will sich
auf Maus stürzen

4 zeigt hinter Katze

5 Katze sieht Hund,
erschrickt

6 Maus flitzt,
Mauseloch

4 Notiere Stichworte zu dieser Geschichte.
Beachte auch, was zwischen den Bildern passiert.
Schreibe die Geschichte auf. Denke an die Überschrift.

Texte überarbeiten

1 Verflixte Satzanfänge!
Schreibe Robins Erlebnis neu.
Ersetze die farbigen Wörter durch
einen anderen Satzanfang von unten.

Nutze unterschiedliche
Satzanfänge.

Ich war mit Papa einkaufen.

Dann gingen wir in eine Bäckerei.

Dann mussten wir in den Supermarkt.

Dann gab es auch Spielsachen.

Dann schaute ich alles genau an.

Dann war Papa weg. Ich suchte überall.

Dann rannte ich zwischen

den Regalen durch.

Dann hörte ich eine Stimme:

„Robin, wo bleibst du?"

Ein Glück, er hatte mich gefunden!

Zuerst • Danach • Da • Neugierig

Plötzlich • Ängstlich • Auf einmal

2 Finde die sechs Rechtschreibfehler
in diesem Text. Schreibe den Text
ohne Rechtschreibfehler.
Denke an die Punkte:
Nachmittags ...

Kontrolliere
die Rechtschreibung.

Welche Wörter
schreibt man groß?

nachmittags fahre ich gerne mit

meinem roller meine Freundin Jana

begleitet mich in den park manchmal

essen wir dort ein eis

3 Schreibe die Geschichte neu auf.
Denke dir eine Überschrift aus, die neugierig macht.
Finde Namen für den Jungen und seinen kleinen Hund.

Ein Junge geht mit seinem kleinen Hund
Gassi. Plötzlich kommt ein großer Hund
um die Ecke. Der kleine Hund springt
erschrocken zurück. Der große Hund knurrt.
Der Junge bekommt Angst um
seinen kleinen Hund. Was soll er tun?
Da hört der Junge einen lauten Pfiff.
Der große Hund dreht sich um
und rennt davon.
Da ist der Junge aber froh!

> Schreibe eine
> Überschrift.
> Gib Personen Namen.

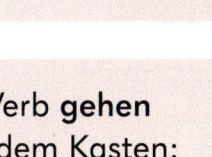

4 Ersetze in diesem Text das Verb **gehen**
durch passende Verben aus dem Kasten:
Ella ...

> Benutze treffende
> Verben.

Ella will Leon erschrecken.
Sie geht von hinten an ihn heran
und ruft laut. Dann geht sie weg.
Leon geht hinter ihr her.
Die soll was erleben!
Auf ihrem Rückweg muss Ella
über einen kleinen Bach gehen.
Doch sie geht zu kurz und landet im Wasser.
Pitschnass geht sie ans Ufer. Leon lacht.
Gemeinsam gehen sie nach Hause.

gehen •	hüpfen
rennen •	laufen
stolpern •	springen
klettern •	hopsen
rasen •	schleichen
schlurfen •	poltern

Informationen sammeln

1 Lies den Text über Igel.

In Deutschland leben noch viele Igel.
Man erkennt Igel an den braunen Stacheln mit
den weißen Spitzen. Nur am Bauch und im Gesicht
haben sie braune Haare.
Igel leben am liebsten am Waldrand, in Parks oder in Gärten.
Sie verstecken sich tagsüber unter Büschen oder Hecken
und schlafen. Nachts sind sie unterwegs und gehen auf Jagd.
Sie fressen Insekten, aber auch Regenwürmer und Schnecken.
Manchmal lassen sie sich auch Obst oder Eier schmecken.
Wenn sie sich bedroht fühlen, rollen sie sich
zu einer Stachelkugel zusammen. Milch vertragen sie nicht.

2 Finde die Antworten zu Karlas Fragen im Text.
Sie sind markiert. Schreibe die Fragen und Antworten auf.

Woran erkennt man Igel?

Wo verstecken sich Igel tagsüber?

3 Finde die Antworten zu diesen Fragen im Text.
Schreibe Fragen und Antworten auf.
Achtung! Die Antwort zu einer Frage
findest du nicht im Text!

Wann gehen Igel auf Jagd?

Was fressen Igel?

Welche Feinde hat der Igel?

Darf ich Igel mit Milch füttern?

Du findest noch
viel mehr Informationen
über den Igel
im Internet.

4 Lies den Text über die Amsel

Die Amsel ist ein Singvogel. ==Sie lebt bei uns
fast überall in Parks, in Gärten und Wiesen.==
Die Männchen haben schwarze Federn und
im Frühling einen gelben Schnabel.
Die Weibchen sind graubraun. So sind sie
besser getarnt, wenn sie im Nest sitzen.

Amseln legen im Frühjahr und Sommer mehrere Eier und
brüten sie aus. ==Die Jungen sind am Anfang nackt und blind.==
Sie werden mehrere Wochen von ihren Eltern gefüttert.

Amseln leben das ganze Jahr bei uns.
Im Winter kommen die Vögel auch gerne an ein Futterhäuschen.
==Dort lassen sie sich Samen und Körner schmecken.==
==Sonst fressen sie Regenwürmer und Insekten.==
Im Frühling hört man das Amselmännchen
morgens und abends singen und zwitschern.

5 Überlege dir drei Fragen zu den
markierten Antworten und schreibe sie auf.

Wo ...?   Wer ...?   Was ...?

6 Finde noch mehr Fragen zum Text
und schreibe sie mit den Antworten auf.

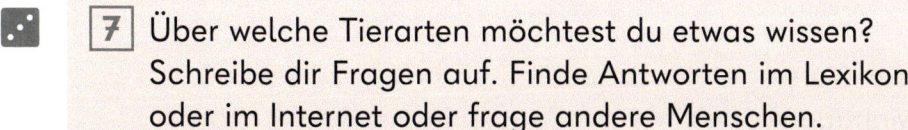

7 Über welche Tierarten möchtest du etwas wissen?
Schreibe dir Fragen auf. Finde Antworten im Lexikon
oder im Internet oder frage andere Menschen.

Texte vortragen

1 Lies den Text mehrmals. Übe, ihn vorzutragen. Die Stellen, an denen du eine Pause machen sollst, sind durch Striche markiert. Betone die unterstrichenen Wörter.

Ein <u>Regenbogen</u>! |
<u>O</u>, wie <u>schön</u>! | Emma ist <u>begeistert</u>. | Sie ruft
ihren Bruder: | „<u>Liam</u>, komm <u>schnell</u>!" | Aber wie
<u>entsteht</u> eigentlich ein <u>Regenbogen</u>? | Wenn es leicht <u>regnet</u>
oder <u>nieselt</u> | und <u>gleichzeitig</u> die Sonne scheint, | wird das
<u>Sonnenlicht</u> durch die <u>Wassertröpfchen</u> | in seine
<u>verschiedenen Farben</u> zerlegt. | Der farbige <u>Bogen</u>, |
der <u>dann</u> entsteht, | zeigt <u>immer</u> die gleiche Farbenfolge: |
violett, blau, grün, | gelb, orange, rot.

2 Suche dir ein Partnerkind. Lest das Gedicht mehrmals.
Wo macht ihr Pausen? Welche Wörter betont ihr?
Probiert verschiedene Möglichkeiten aus.

So schnell kriegt mich keiner mehr hoch!,
sprach ein müder Wanderer mit Schnaufen.
So sagte er. Und setzte sich
auf einen Ameisenhaufen.

Josef Guggenmos

3 Schreibe das Gedicht ab.
Markiere dir für deinen Vortrag die Pausen mit einem Strich.
Unterstreiche die Wörter, die du betonen willst: So <u>schnell</u> ...

Sprich beim Vortragen laut, deutlich und nicht zu schnell.
Betone wichtige Wörter. Mache Pausen in deinem Vortrag.
Schaue dein Publikum an.

4 Schreibe das Gespräch in der richtigen Reihenfolge auf.
Unterstreiche die Wörter, die du betonen willst.
Hier Max Heinze. – Hallo …

 Juhu! Bis gleich!

 Bei dem Wetter?

Hallo Max, Melina hier. Kommst du mit auf den Spielplatz?

Aber es ist doch auch kalt!

Es regnet doch nur ein bisschen!

Hier Max Heinze.

Zieh Gummistiefel an.

Und hinterher macht uns Papa heißen Kakao!

 Heißen Kakao? Na gut. Bin gleich da.

5 Suche dir ein Partnerkind.
Ein Kind ist Max, das andere Melina.
Übt, das Gespräch vorzutragen.

6 Lies den Text mehrmals so, dass er spannend klingt.
Probiere verschiedene Möglichkeiten aus.

Neulich war ich abends alleine zu Hause.

Mama und Papa waren beim Elternabend.

Ich saß im Wohnzimmer und las. Plötzlich hörte

ich ein Geräusch. Es kam unter dem Sofa hervor.

Was war das? Ich bekam eine Gänsehaut.

Da war es wieder. Ein kleines Geräusch wie …

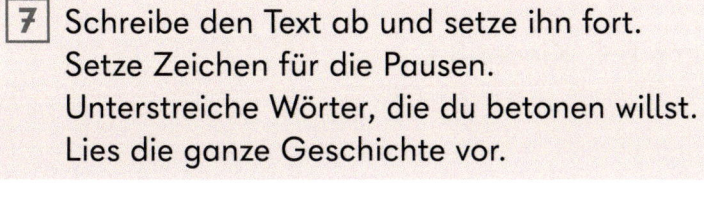

7 Schreibe den Text ab und setze ihn fort.
Setze Zeichen für die Pausen.
Unterstreiche Wörter, die du betonen willst.
Lies die ganze Geschichte vor.

Einladungen

1 Welche Sätze passen zu welcher Einladung?
Wähle eine Einladung und schreibe die passenden Sätze.
Einladung zum ...

| Einladung zum Klassenfest | Einladung zum Kasperletheater |

Liebe Eltern!

Wir laden euch herzlich zu unserem Klassenfest ein.

Das Puppentheater Fadenspiel zeigt:

Am 20. Mai treffen wir uns um 15 Uhr im Klassenzimmer.

„Kaperl und das grüne Tier"

Freut euch auf das Gedicht vom kleinen König.

Wann: am 22. und 23. Mai. Wo: im Feuerwehrhaus

Es gibt selbst gebackene Hefemäuse.

Beginn: 15.30 Uhr, Dauer: etwa 45 Minuten

Eintritt: Erwachsene 6 €, Kinder 3 €

Eure Klasse 2c

2 Ob dieses Geburtstagsfest gelingt?
Welche Informationen musst du ergänzen?
Schreibe die Einladung richtig auf und
erfinde die fehlenden Informationen: Liebe ...

Wer? Wo? Wann? Was? ...

> <u>Einladung zum Römer-Geburtstag</u>
>
> Liebe/Lieber
>
> Ich lade dich herzlich
> zu meinem Geburtstagsfest ein.
> Wir werden im Römer-Museum feiern.
>
> Ich freue mich auf dein Kommen!

3 Du kannst eine Einladung auch als E-Mail verschicken.
Dafür musst du die E-Mail-Adresse der Leute kennen,
die du einladen willst.
Finde heraus, welches Zeichen in jeder E-Mail-Adresse vorkommt.

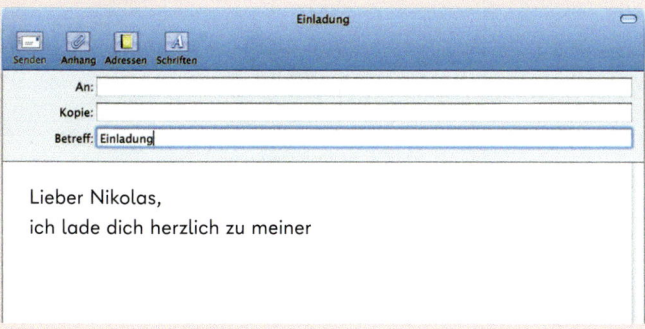

In die Zeile „Betreff"
schreibt man, worum
es geht: Einladung.

4 Schreibe eine Einladung als E-Mail.
Denke an: Wann? Wo? Was? Wer?

| zum Geburtstag | zu einem Ausflug | zum Essen | zu ... |

Steckbriefe und Diagramme

1 Von welchem Kind stammt die Seite im Freundebuch?
Schreibe den Steckbrief mit dem richtigen Namen.

Name: ⬤
Alter: 8
Haarfarbe: schwarz
Frisur: Zöpfe
Brille: ja
Lieblingskleidung:
Jeans, weite Pullis
Das mag ich:
Ohrringe

2 Schau genau. Schreibe
auch diesen Steckbrief
mit dem richtigen Namen.

Name: ⬤
Alter: 7
Haarfarbe: braun
Frisur: kurze Haare
Brille: nein
Lieblingskleidung:
kurze Hose und T-Shirt
Das mag ich:
Fußball

3 Schreibe eine Freundschaftsseite für Max:
Name: ...
Alter: ...
...

4 Schreibe auf, was dir hilft, eine Person auf dem Bild zu finden:
die Haarfarbe, ...

> Telefonnummer • Haarfarbe • Augenfarbe • Hobbys
>
> Lieblingstiere • Lieblingskleider • besondere Kennzeichen
>
> was jemand nicht leiden kann • Größe • Sternzeichen • Adresse

5 Schreibe einen Steckbrief zu einem Kind auf Seite 140.
Nutze die Ergebnisse aus Aufgabe 4:
Alter: ...
Haarfarbe: ...

6 Lies das Diagramm genau. Schreibe auf, was du erfährst:
Es gibt sechs Jungen. Es gibt ...

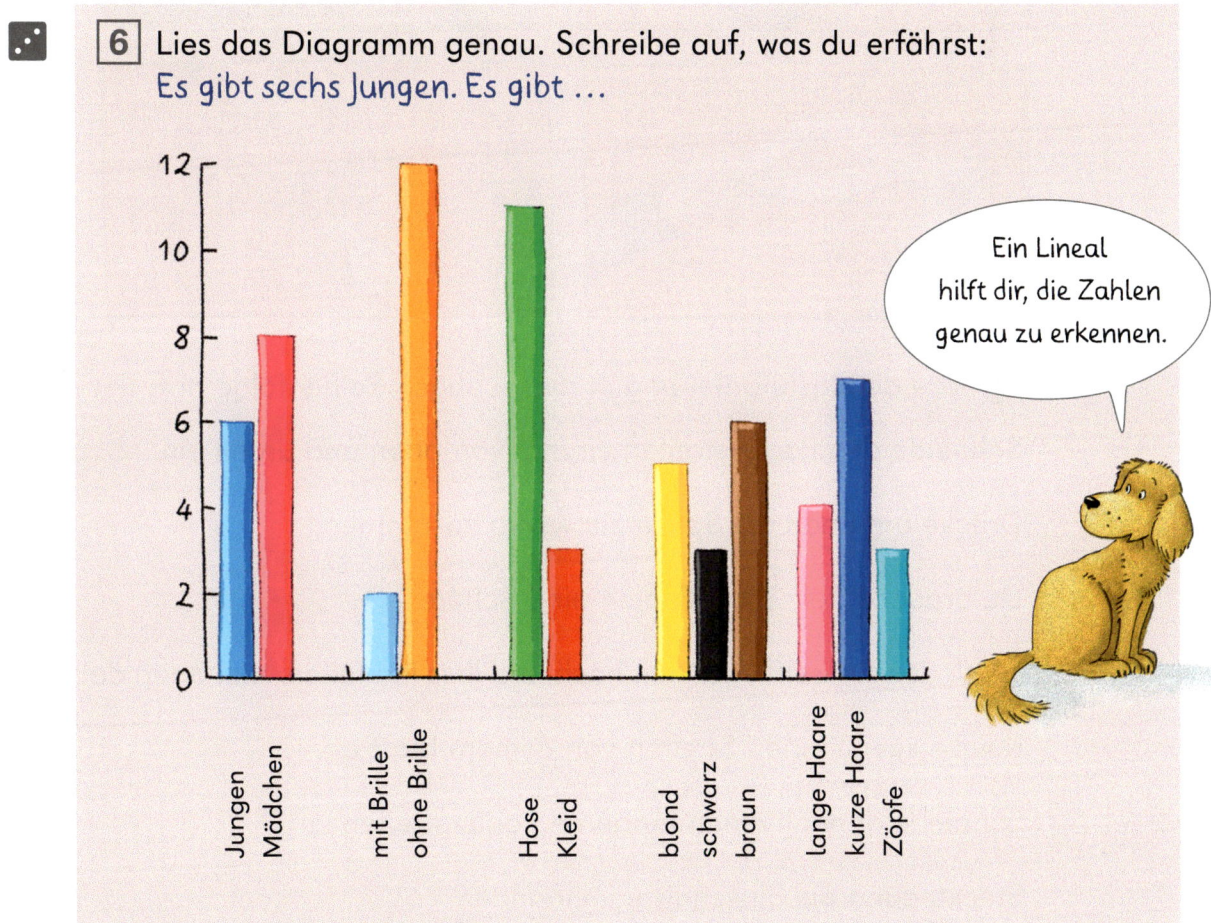

Ein Lineal hilft dir, die Zahlen genau zu erkennen.

Bastelanleitungen

1 Baue den Kreiselflieger nach.

2 Schreibe die Bastelanleitung in der richtigen Reihenfolge auf: Du ...

Schneide den Papierstreifen einmal von oben und unten ein.

Drücke am Ende die Spitze ein wenig zusammen.

Du brauchst: ein Blatt Papier, eine Schere

Halte den Kreiselflieger nun hoch und lass ihn fallen. Viel Spaß dabei!

Knicke zuerst einen Streifen von deinem Blatt ab.

Schneide danach einen längeren Papierstreifen zu.

Stecke dann die Einschnitte ineinander.

3 Welche Informationen brauchst du nicht, um den Hubschrauber nachzubauen? Schreibe nur die wichtigen Informationen auf.

Du brauchst ein Blatt Papier. Es soll besonders hübsch sein.

Zeichne dir dann das Bild auf.

Schneide die gestrichelten Linien ein.

Klappe anschließend das rote Teil vor, das gelbe zurück.

Mache eine kurze Pause.

Falte zuletzt die grauen Teile zur Mitte und klebe sie fest.

Berichte danach deiner Lehrerin, dass du fertig bist.

Lass deinen Hubschrauber von einer hohen Stelle aus fallen.

④ Bastle den Papierhubschrauber.

> Du kannst die Checkliste von Seite 153 verwenden.

5 Schreibe die Bastelanleitung für diesen Flieger.
Du brauchst: …

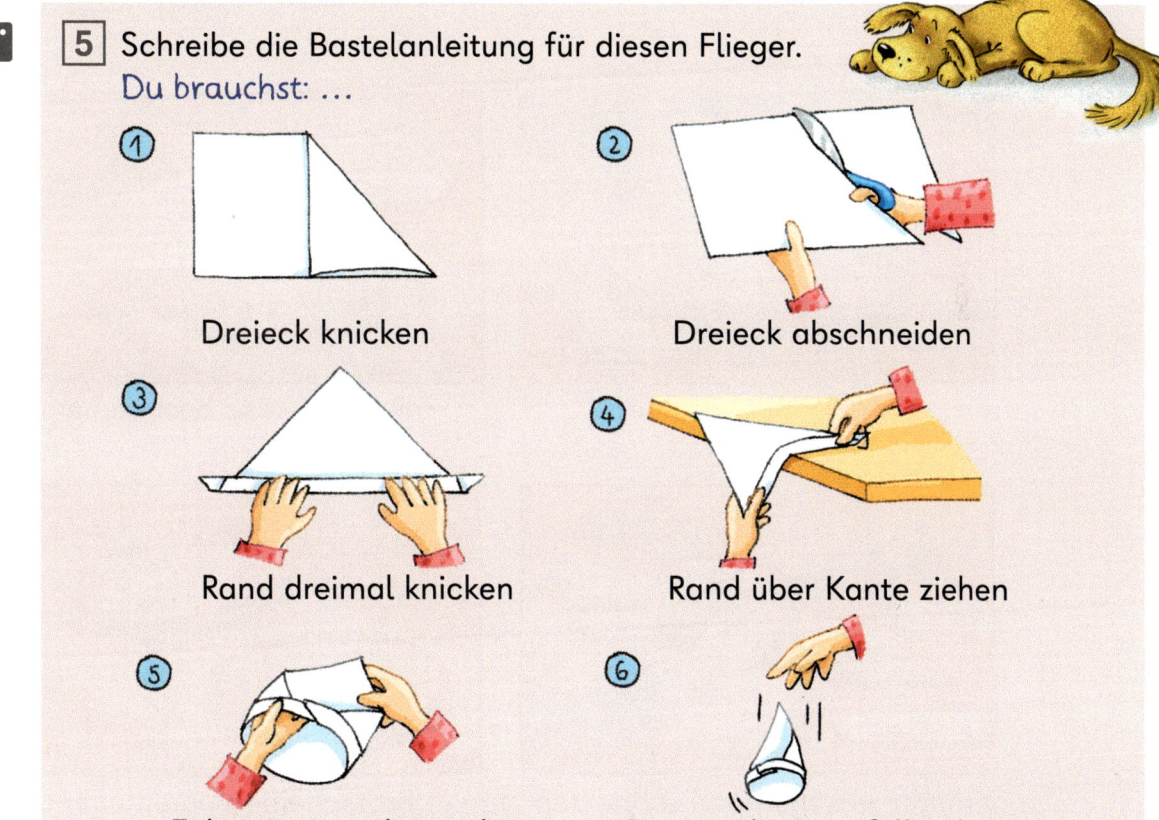

① Dreieck knicken

② Dreieck abschneiden

③ Rand dreimal knicken

④ Rand über Kante ziehen

⑤ Ecken ineinanderstecken

⑥ Ring nach vorne fallen lassen

Rezepte

1 Schreibe das Rezept für den Obstquark in der richtigen Reihenfolge auf:

Obstquark
Zutaten: ...

Mische das Obst zum Schluss mit dem Quark.

Rühre den Quark als Nächstes mit etwas Milch oder Sahne glatt.

Zutaten: 500 g Magerquark, etwas Milch oder Sahne, Obst nach Geschmack und Jahreszeit.

Schneide danach das Obst in kleine Stücke.

Fülle den Quark zuerst in eine Schüssel.

2 Sortiere die Bilder. Schreibe das Rezept für Kräuterbrot mithilfe der Stichworte auf:

Kräuterbrot
Zutaten: ...

auf das Brot streuen

mit Frischkäse bestreichen

Kräuter waschen und schneiden

Brotscheiben bereitlegen

3 Hier hat sich einiger Unsinn eingeschlichen! Schreibe nur auf, was zum Rezept für Pizza-Brötchen gehört.

Pizza-Brötchen
Zutaten: ...

Zutaten: 5 Scheiben Schinken, 10 Scheiben Salami,
1 Glas feiner Sand, 1 rote Paprika, frische Pilze,
1 Päckchen geriebener Käse, 1 Becher Sahne, Gewürze,
Brötchen

Schrubbe zuerst die Küche ordentlich.
Schneide Schinken, Salami, Paprika und Pilze in kleine Stücke.
Höre nebenher Radio.
Vermische die Zutaten mit Käse und Sahne.
Schmecke alles mit Pizzagewürzen ab.
Fange keinen Streit mit der Schwester an!
Bestreiche die Brötchen mit der Mischung.
Backe die Brötchen für 10 Minuten im Backofen bei 180 Grad.

Achtung!
Benutze den heißen Backofen nur mithilfe eines Erwachsenen ...

4 Schreibe das Rezept auf.
Limo-Kuchen
...

Gedichte schreiben

1 Schreibe das Gedicht ab. Ergänze die fehlenden Reime:
Ein kluger …

Ein kluger Knabe, er hieß Hans,
dressierte eine fette ◯
und brachte ihr ein Kunststück bei:
Sie legte ihm ein Spiegel ◯
samt Pfefferkörnern, Speck und Schmalz
nebst einer kleinen Prise ◯.

Hans Manz

2 Die Verse rechts sind durcheinandergeraten.
Ordne sie richtig zu und schreibe das Gedicht:
Spatzenjanuar
Weiß steht der Wald,
sagen die Spatzen,
und es …

Weiß steht der Wald,
sagen die Spatzen,

tun uns nicht weh,
sagen die Spatzen.

Doch Eis und Schnee,
sagen die Spatzen,

sind wir gefeit,
sagen die Spatzen.

Im Federkleid,
sagen die Spatzen,

Ein bisschen Brot,
sagen die Spatzen.

Doch eins tut not,
sagen die Spatzen,

Und es ist kalt,
sagen die Spatzen.

James Krüss

3 Bringe den Kettenreim in die richtige Reihenfolge.
Achte auf die roten Wörter.

Eins, zwei, drei,
alt ist nicht neu,

weich ist nicht hart,
der Bauer mit dem Bart,

neu ist nicht alt,
warm ist nicht kalt,

arm ist nicht reich,
hart ist nicht weich,

der Bart vom Bauer,
süß ist nicht sauer,

kalt ist nicht warm,
reich ist nicht arm,

sauer ist nicht süß,
die Händ sind keine Füß,

die Füß sind keine Händ,
die Geschichte ist zu End.

4 Erfinde selbst einen Abzählreim. Beginne mit den Zahlwörtern.
Die Reimwörter helfen dir: Eins, zwei, ...

Eins, zwei, drei, vier, fünf, sechs, sieben,
eine alte Frau kocht Rüben.
Eine alte Frau kocht Speck
und du bist weg.

zwei drei Ei herbei einerlei Polizei	vier hier Klavier Stier Tier wir	sechs Hex klecks Rex		fünf Strümpf rümpf
		raus Haus Maus Laus	weg Fleck meck keck	suchen Kuchen Buchen

Botschaften schreiben und entschlüsseln

1 Lies den Text.

Jan liegt am Strand und döst in der Sonne.

Er träumt von einem Piratenschiff.

Er ist ein Gefangener der Piraten.

Sie haben ihn auf eine einsame Insel verschleppt.

Verzweifelt überlegt er, wie er sich retten könnte.

Da sieht er eine Flasche und ihm kommt eine Idee.

Eine Flaschenpost ist die Rettung!

2 Schreibe eine Flaschenpost, die Jan losschicken möchte.
Die Stichwörter in der Flasche helfen dir:
Hilfe! Ich ...

Hilfe • Piraten • der schreckliche Sven • entführt
bin ein Gefangener • schwarzes Piratenschiff
mit blutrotem Totenkopf • auf einer einsamen Insel •
hinter den Sommerinseln • hoffe auf Rettung

3 Jan findet am Strand eine geheime Botschaft.
Versuche sie zu entschlüsseln:
An den Finder dieser ...

☼n d🏝n F🕱nd🏝r d🕱ser B\tsch☼ft!

G🏝h🏝 ☼m M🏝🏝r 🏝ntl☼ng
b🕱s z🐟r gr\β🏝n P☼lm🏝.
V\n d\rt g🏝h🏝 30 Schr🕱tt🏝
l☼nd🏝nwärts b🕱s z🐟r gr\β🏝n Dün🏝.
V\n d🏝r Dün🏝 a🐟s s🕱🏝hst d🐟
🏝n🏝n r\t-w🏝🕱β🏝n S\nn🏝nsch🕱rm:
G🏝h🏝 s\f\rt d\rth🕱n.
D🐟 bek\mmst 🏝🏝n gr\β🏝s 🏝🏝s!

P☼p☼

| a = ☼ |
| e = 🏝 |
| i = 🕱 |
| o = \ |
| u = 🐟 |

4 Schreibe selbst eine geheime Botschaft.
Schreibe sie zuerst ganz normal auf.
Wähle dann einen Weg, sie zu verschlüsseln.

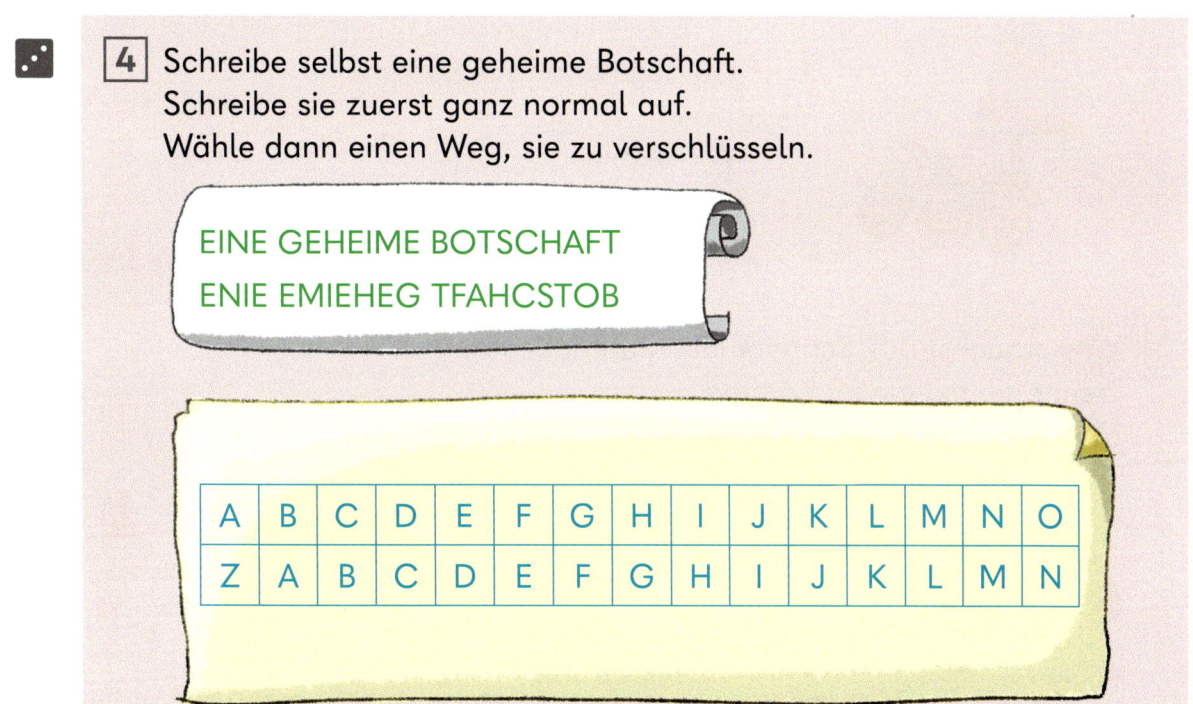

EINE GEHEIME BOTSCHAFT

ENIE EMIEHEG TFAHCSTOB

A	B	C	D	E	F	G	H	I	J	K	L	M	N	O
Z	A	B	C	D	E	F	G	H	I	J	K	L	M	N

Eine Bastelanleitung schreiben

Darauf kommt es an

1. Schreibe eine **Überschrift.**

2. Schreibe alle **Materialien** auf.

3. Achte auf die **Reihenfolge**:
   Beschreibe Schritt für Schritt,
   was man tun muss.
   Verwende dabei Wörter wie:
   zuerst, danach, als Nächstes ...

4. Schreibe einen passenden
   Schluss-Satz.

1 Welche Überschrift passt zu dieser Bastelei?

Boote

Ein Segelboot aus Korken

Wir segeln

2 Was brauchst du? Schreibe die Materialien auf.
Trenne sie mit einem Komma.
Material: drei Korken, zwei Eisstiele, ...

drei Korken   zwei Eisstiele   ein Holzspieß   buntes Papier   Flüssigkleber

3 Schreibe die Sätze in der richtigen Reihenfolge auf.
Setze die Wörter an der passenden Stelle ein.

zuerst   danach   als Nächstes   dann   zum Schluss

Schneide   das Papier als Segel zu.

Stecke   den Spieß als Mast in den mittleren Korken.

Klebe   die Korken auf die Eisstiele.

Klebe   das zugeschnittene Segel an den Mast.

Drehe   das Boot um.

4 Wähle den passenden Schluss-Satz aus
und ergänze deine Bastelanleitung.

Jetzt bist du endlich fertig!

Nun kannst du dein Schiff im Wasser testen. Viel Spaß dabei!

Morgen kannst du etwas anderes basteln.

5 Schaut euch die Bilder an. Wie wird das Boot auf Bild 1 gebastelt?
Was brauchst du dazu? Sprecht darüber.

6 Lest die Bastelanleitung von Leon. Was könnte Leon besser machen?
Kontrolliert mit der Checkliste und sprecht darüber.

Boot

Du brauchst: eine Schachtel, eine leere Klorolle, Kleber,
Papier, Schulmalfarben, Watte, ein Holzstäbchen

Zerschneide den Milchkarton.
Jetzt kannst du es ausprobieren.
Klebe dann eine Schachtel als Häuschen
und eine Klorolle als Schornstein in dein Boot.
Bemale das Boot dann mit den Farben.
Bastle dann aus Papier und dem Holzspieß eine Fahne
und stecke sie am Boot fest.
Befestige dann eine Schnur am Boot.

7 Schreibe Leons Bastelanleitung verbessert auf.

8 Wie wird der Pinguin gebastelt?
Schaut euch die Bilder an. Sprecht darüber.

9 Schreibe deine Bastelanleitung für den Klorollen-Pinguin auf.

10 Tausche dich mit einem Partner über eure Bastelanleitungen aus.

Eine Bildergeschichte schreiben

Darauf kommt es an

- Schreibe eine **Überschrift**.

- **Was** passiert **auf** den **Bildern**?
  Wer ist dabei?
  Wo spielt die Geschichte?
  Wann spielt die Geschichte?
  Wichtig ist auch:
  Was passiert **zwischen** den **Bildern**?

- Schreibe einen passenden **Schluss**.

- Schreibe die Geschichte in **ganzen Sätzen**.

Erzählt auch, was zwischen den Bildern passiert.

1 Was passiert auf den Bildern? Erzählt.

Hund • döst • Körbchen

Haustür • offen

Familie • aufgeregt • suchen

finden • Hund • Freundin

2 Was passiert zwischen den Bildern? Überlegt gemeinsam.

3 Überlege und schreibe dir Stichworte auf.

- Wer ist dabei?
- Gib den Figuren Namen:

  Wie heißt der Hund in deiner Geschichte?

  Wie soll die Familie heißen?
- Wo spielt die Geschichte?
- Wann spielt die Geschichte?

4 Denke dir eine eigene Überschrift aus.
Oder: Wähle eine Überschrift aus.

Der schlaue Hund   So eine Aufregung!   Der Ausreißer

5 Schreibe die Geschichte.
Nutze dazu die Stichworte von Aufgabe 3.

6 Wie geht die Geschichte aus? Denke dir einen Schluss-Satz aus.
Oder: Wähle einen Schluss-Satz aus. Schreibe ihn auf.

Endlich haben sie ihren
Hund wiedergefunden.

Die beiden Hunde verabschieden sich und
wedeln noch einmal mit ihren Schwänzen.

Bald wollen sie die Hundedame
wieder besuchen.

7 Lies dir deine Geschichte durch.
Möchtest du noch etwas verändern?

8 Lest euch eure Geschichten
gegenseitig vor.
Oder: Tausche deine Geschichte
mit einem Partnerkind.

Mir gefällt an deiner Geschichte gut, dass du Wörter wie plötzlich, zum Glück, sofort, auf einmal verwendet hast.

9 Schaut euch die Bilder an. Was passiert? Erzählt.
Was passiert zwischen den Bildern? Überlegt gemeinsam.

10 Luisa hat zu den Bildern eine Geschichte geschrieben.
Lest die Geschichte.

Ein Mädchen kommt am Nachmittag ins Wohnzimmer.
Sie möchte mit der Katze spielen. Aber das Katzenkörbchen
ist leer. Wo ist die Katze? Das Mädchen ruft ihre Mutter.
Die Mutter und auch der Bruder kommen sofort.
Gemeinsam suchen sie die Katze. Der Bruder schaut in
seinem Zimmer nach. Da ist keine Katze. Die Mutter sucht
die Katze im Flur. Niemand kann sie finden. Die Katze ist
verschwunden. Sie gehen ins Wohnzimmer zurück.
Das Mädchen fängt an zu weinen. Ihre Mutter tröstet sie.
Endlich ist sie da. Die Kinder freuen sich.

11 Wie gefällt euch Luisas Geschichte?
Was kann Luisa besser machen? Sprecht darüber.
Verwendet dazu die Checkliste.

> ## Unsere Checkliste
>
> – Passt die Überschrift zur Bildergeschichte?
>
> – Kommen alle Bilder in der Geschichte vor?
>
> – Haben die Personen und Tiere einen Namen?
>
> – Ist die Geschichte in der richtigen Reihenfolge erzählt?
>
> – Beginnen die Sätze abwechslungsreich?
>
> – Gibt es einen passenden Schluss-Satz?

12 Schreibe eine Geschichte zu diesen Bildern.

13 Tausche deine Geschichte mit einem Partnerkind. Sprecht über eure
Geschichten. Verwendet dazu die Checkliste.

Silben schwingen

Sprich das Wort deutlich
Silbe für Silbe.

Sprich das Wort noch einmal.
Zeichne zu jeder Silbe
einen Bogen in die Luft.

Schreibe das Wort
Silbe für Silbe auf.
Sprich beim Schreiben
leise mit.
Zeichne Silbenbögen
unter das Wort.

Male die Silbenkönige/
Selbstlaute an.
Überprüfe, ob jede Silbe
einen Silbenkönig/Selbstlaut
hat.

Verlängern: Wörter mit b, d und g

Schreibe ich: Tag oder Tak, Hunt oder Hund, Diep oder Dieb?

Schreibst du ein Nomen am Ende mit
d oder **t** ?
g oder **k** ?
b oder **p** ?

Verlängere mit *alle*:
alle Hunde, alle Tage, alle Diebe.
Dann hörst du den Laut.

Verlängern mit „alle" hilft beim richtigen Schreiben von Nomen:

 der Hund – alle Hunde
der Tag – alle Tage
der Dieb – alle Diebe

Schreibt man gelb oder gelp?

Schreibst du ein Adjektiv am Ende mit
b oder **p** ?
 g oder **k** ?
d oder **t** ?

Bilde eine Wortgruppe:
„die gelbe Blume".
Dann hörst du den Laut.

Das Bilden von Wortgruppen hilft beim richtigen Schreiben von Adjektiven:

gelb – die gelbe Blume
jung – der junge Mann
fremd – das fremde Kind

Ableleiten: Wörter mit ä und äu

Wörter mit **e** oder **ä**
klingen oft sehr ähnlich.
Denke nach.
Findest du ein
verwandtes Wort?

Du schreibst ein Wort mit **ä**,
wenn du ein verwandtes Wort
mit **a** findest:

Bänke – Bank
kälter – kalt
färben – Farbe.

Wörter mit **eu** oder **äu**
klingen gleich.
Denke nach.
Findest du
ein verwandtes Wort?

Du schreibst ein Wort
mit **äu**, wenn du
ein verwandtes Wort
mit **au** findest.

Bäuche – Bauch
säubern – sauber
träumen – Traum

Merkwörter üben

Bei manchen Wörtern hilft dir keine Rechtschreibstrategie.

Diese Wörter musst du dir merken.

Das sind Merkwörter. Du musst sie gut üben.

Diese Tipps helfen dir dabei:

1. Schreibe das Wort auf.
2. Kontrolliere, ob du es richtig geschrieben hast.
3. Markiere die Merkstelle.

Merkwörter kannst du so üben:

Texte abschreiben

Wörterkiste

Schleichdiktat

Dosendiktat

Partnerdiktat

Wörter üben

Aufschreiben

Schreibe immer ein Wort
auf eine Karte.

Kontrolliere jeden Buchstaben.
Stecke die Karte in das
Fach 1 der Wörterkiste.

Üben

Nimm eine Karte aus Fach 1.
Schau dir das Wort genau an.

Sprich es deutlich
und schwinge dabei.

Drehe die Karte um.
Schreibe das Wort
auswendig auf.

Flüstere dabei alle Silben mit.

Kontrolliere sofort.
Bei einem Fehler übst du
das Wort noch einmal.

Ist das Wort richtig geschrieben,
wandert die Karte ins Fach 2.
Lass deine Karte durch alle
Fächer wandern.

Texte abschreiben

Lies zuerst den ganzen Text.

Lies den ersten Satz.
Merke ihn dir.

Schreibe den Satz
auswendig auf.
Flüstere dabei, was deine
Hand gerade schreibt.

Setze das Satzschlusszeichen
am Ende des Satzes.

Kontrolliere ein Wort
nach dem anderen.

Hast du einen Fehler, streiche
das Wort mit Lineal durch.
Schreibe es noch einmal.

Arbeite Satz für Satz weiter.

Schleichdiktat

Lies dir den ganzen Text
sorgfältig durch.

Lege deinen Text an
einen besonderen Ort
(Fensterbrett, Regal ...).
Lies den ersten Satz.
Merke dir so viele Wörter,
wie du kannst.

Schleiche an deinen Platz.
Sprich die Wörter leise
vor dich hin und schreibe sie
auswendig auf.

Gehe so oft hin und her,
bis du das ganze Diktat
geschrieben hast.

Lege den Text neben dein
Diktat und kontrolliere
Wort für Wort.
Hast du einen Fehler, streiche
das Wort mit dem Lineal durch.
Schreibe es noch einmal.

Dosendiktat

1. Tag

Schreibe jeden Satz
auf einen Streifen Papier.
Lange Sätze kannst du
auf zwei Streifen schreiben.
Nummeriere alle Streifen.
Kennzeichne schwierige Wörter.

2. Tag

Ordne die Streifen
und lies den Text.

Nimm den ersten Streifen
und präge dir die Wörter ein.

Stecke den Streifen
in die Dose und schreibe
den Satz auswendig auf.

Wenn du alle Sätze
geschrieben hast, hole
die Streifen aus der Dose
und vergleiche genau.

Berichtige die Fehler.

Partnerdiktat

Diktiere deinem Partnerkind
langsam und deutlich ein Wort.

Stelle dich dabei so,
dass du sehen kannst,
was das Kind schreibt.

Siehst du einen Fehler,
dann sage: „Stopp!"

Sprecht über den Fehler,
gib Hilfen.

Diktiere das Wort noch einmal.

Überprüft gemeinsam.
Tauscht dann die Rollen.

Ein Lerntagebuch führen

Denke über dein Lernen und deine Arbeit nach.

Was hast du gelernt?

Welche Aufgaben konntest du gut lösen? Warum war das so?

Was möchtest du noch üben?

Die Fragen am Ende jeder „Hier üben wir"-Seite können dir helfen:

Schreibe in dein Lerntagebuch, was du dir überlegt hast.

Du kannst auch dazu malen oder etwas aufkleben.

Lies dir noch einmal durch, was du aufgeschrieben hast. Fehlt noch etwas?

Wenn du möchtest, kannst du deine Seite mit anderen besprechen.

Einem Vortrag zuhören

Vor dem Vortrag

Was weiß ich schon darüber?

Bereite dich auf das Zuhören vor. Setze dich bequem hin.

Lege alles weg, was dich ablenken könnte.

Überlege dir, was du über das Thema schon weißt.

Während des Vortrags

Schaue die Sprecherin oder den Sprecher an.

Höre aufmerksam zu.
Denke mit.
Merke dir deine Fragen.

Lass dich von störenden Geräuschen nicht ablenken.

Nach dem Vortrag

Warum....?

Stelle deine Fragen an die Sprecherin oder den Sprecher.

Ich konnte dich gut verstehen. Du hast laut und deutlich gesprochen.

Gib Rückmeldungen an die Sprecherin oder den Sprecher.

Sag zuerst, was dir gut gefallen hat.

Gib dann Tipps, was das Kind verbessern kann.

Im Internet suchen

Öffne eine **Kindersuchmaschine** im Internet.
Suchmaschinen für Kinder sind zum Beispiel

FragFinn   Blinde Kuh

Helles Köpfchen

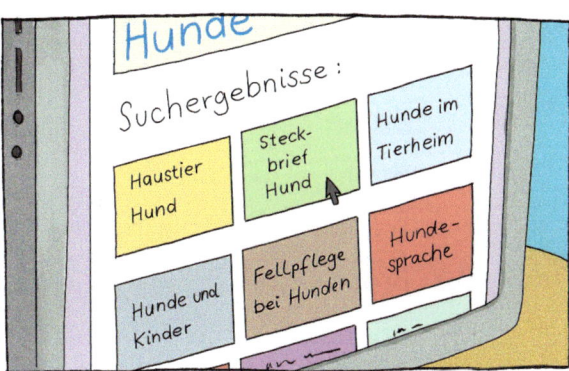

Überlege dir einen Suchbegriff.
Verwende möglichst Nomen.
Gib den Suchbegriff in das **Suchfeld** ein: Hunde
Du solltest den Suchbegriff **richtig schreiben**.

Klicke das Suche-Zeichen an.
Meist ist es eine **Lupe**.

Es erscheinen viele **Treffer**.
Schau dir die Treffer an.
Wenn du einen Treffer anklickst, kommst du zu einem Text auf einer anderen Internetseite für Kinder.

Findest du nicht die passenden Informationen, gehe zurück zur Trefferliste.
Wähle einen anderen Treffer aus.

Manchmal musst du in deiner Suche genauer beschreiben, was du suchst: Hunderassen

Wörterliste

A/a

ab

der Abend ☺, die Aben|de

aber ☺

acht ☺

al|le ☺

als ☺

die Amei|se, ☺ die Amei|sen

die Am|pel ☺, die Am|peln

die Am|sel ☺, die Am|seln

der An|fang ☺, die An|fän|ge ⚡

der Ap|fel ☺, die Äp|fel ⚡

der Ap|ril ☺

ar|bei|ten ☺, sie ar|bei|tet

der Arm ☺, die Ar|me ☺

der Ast ☺, die Äs|te ⚡

die Auf|ga|be ☺, die Auf|ga|ben

auf|ste|hen ☺, er steht auf

auf|wa|chen ☺, es wacht auf

der Au|gust ☺

das Au|to ☺, die Au|tos

B/b

das Ba|by Ⓜ, die Ba|bys

der Bach ☺, die Bä|che ⚡

ba|cken ☺, er bäckt ⚡

ba|den ☺, sie ba|det

der Ball ☺, die Bäl|le ⚡

die Bank ☺, die Bän|ke ⚡

der Bär Ⓜ, die Bä|ren

der Baum ☺, die Bäu|me ⚡

be|quem ☺

das Bett ☺, die Bet|ten

die Bie|ne ☺, die Bie|nen

das Bild ☺, die Bil|der

die Bir|ne ☺, die Bir|nen ☺

bit|ten ☺, sie bit|tet

blei|ben ☺, er bleibt ☺

blü|hen ☺, sie blüht ☺

die Blu|me ☺, die Blu|men

die Blü|te ☺, die Blü|ten

blu|ten ☺, du blu|test

bö|se ☺

brau|chen ☺, er braucht ☺

braun ☺

der Brief ☺, die Brie|fe

brin|gen ☺, er bringt ☺

das Brot ☺, die Bro|te

der Bru|der ☺, die Brü|der

das Buch ☺, die Bü|cher

die But|ter ☺

C/c

der Cent Ⓜ, die Cents

der Co|mic Ⓜ, die Co|mics

der Com|pu|ter Ⓜ, die Com|pu|ter

Farbige Kennzeichnung der Wortarten:
Nomen rot, Verben blau, Adjektve grün.

D/d

das Dach ☺, die Dä|cher ⚡
der Dachs Ⓜ, Dach|se
    dan|ken ☺, sie dankt
    dann Ⓜ
die De|cke ☺, die De|cken
    dem ☺
    den ☺
    den|ken ☺, er denkt
    denn Ⓜ
der De|zem|ber ☺
der Dieb ➷, die Die|be
der Diens|tag ➷, die Diens|ta|ge
    dir Ⓜ
der Don|ners|tag ➷,
    die Don|ners|ta|ge
    dun|kel ☺
    durch ☺
    dür|fen ☺
die Du|sche ☺, die Du|schen

E/e

    ein, ei|ne ☺
    ein|mal ☺
das Eis ☺
die El|tern ☺
das En|de ☺, die En|den
der En|gel ☺, die En|gel
der En|kel ☺, die En|kel
die En|te ☺, die En|ten
die Er|de ☺
der Esel ☺, die Esel
    es|sen ☺, es isst
    euch ☺
die Eu|le ☺, die Eu|len
    eu|re ☺
der Eu|ro ☺, die Eu|ros

F/f

das Fach ☺, die Fä|cher ⚡
    fah|ren Ⓜ, sie fährt ⚡
    fal|len ☺, es fällt ⚡
die Fa|mi|lie ☺, die Fa|mi|li|en
    fan|gen, er fängt ⚡
der Fe|bru|ar ☺
    fei|ern ☺, sie fei|ert
das Fens|ter ☺, die Fens|ter
die Fe|ri|en ☺
das Fest ☺, die Fes|te
    fin|den ☺, es fin|det
der Fin|ger ☺, die Fin|ger
der Fisch ☺, die Fi|sche
    flie|gen ☺, er fliegt
die Fra|ge ☺, die Fra|gen
die Frau ☺, die Frau|en
der Frei|tag ➷, die Frei|ta|ge
die Freu|de ☺, die Freu|den
der Freund ☺, die Freun|de

frisch 😊

der Früh|ling 😊, die Früh|lin|ge

der Fuchs Ⓜ, die Füch|se

der Fuß Ⓜ, die Fü|ße

G/g

die Ga|bel 😊, die Ga|beln

der Gar|ten 😊, die Gär|ten ⚡

ge|ben 😊, es gibt Ⓜ

der Ge|burts|tag 😊,
  die Ge|burts|ta|ge

ge|hen 😊, er geht Ⓜ

gelb 😊

das Ge|mü|se 😊, die Ge|mü|se

gern 😊

das Ge|schenk 😊, die Ge|schen|ke

das Glas 😊, die Glä|ser ⚡

das Glück 😊

das Gras, die Grä|ser ⚡

grün 😊

gut 😊

H/h

das Haar Ⓜ, die Haa|re

ha|ben 😊, sie hat

die Hand 😊, Hän|de ⚡

das Han|dy Ⓜ, die Han|dys

hart 😊

das Haus 😊, die Häu|ser ⚡

das Heft 😊, die Hef|te

der Herbst Ⓜ, die Herbs|te

heu|te 😊

die He|xe 😊, die He|xen

hier 😊

der Him|mel 😊, die Him|mel

die Hit|ze 😊

ho|len 😊, sie holt

hö|ren 😊, er hört

der Hund 😊, die Hun|de

I/i

ich 😊

ihm Ⓜ

ihn Ⓜ

ih|nen Ⓜ

ihr Ⓜ

im|mer 😊

die In|sel 😊, die In|seln

J/j

die Ja|cke 😊, die Ja|cken

das Jahr Ⓜ, die Jah|re

der Ja|nu|ar 😊

der Ju|li Ⓜ

der Jun|ge 😊, die Jun|gen

der Ju|ni Ⓜ

K/k

der Kä|fer Ⓜ, die Kä|fer

der Ka|len|der Ⓦ, die Ka|len|der

    kalt Ⓦ

der Kä|se Ⓜ, die Kä|se

der Ka|ter Ⓦ, die Ka|ter

die Kat|ze Ⓦ, die Kat|zen

    ken|nen Ⓦ, sie kennt

die Ker|ze Ⓦ, die Ker|zen

    ki|cken Ⓦ, sie kickt

das Kind ↷, die Kin|der

die Kir|sche Ⓦ, die Kir|schen

die Klas|se Ⓦ, die Klas|sen

das Kleid ↷, die Klei|der

    klein Ⓦ

das Knie Ⓦ, die Knie

    ko|chen Ⓦ, er kocht

der Kof|fer Ⓦ, die Kof|fer

    kom|men Ⓦ, es kommt

    kön|nen Ⓦ, sie kann

der Kopf Ⓦ, die Köp|fe

    krank Ⓦ

L/l

    la|chen Ⓦ, er lacht

die Lam|pe Ⓦ, die Lam|pen

    lang Ⓦ

    lang|sam Ⓦ

    las|sen, sie lässt ⚡

lau|fen Ⓦ, es läuft ⚡

laut Ⓦ

le|ben Ⓦ, er lebt ↷

le|cker Ⓦ

le|gen, sie legt ↷

leicht Ⓦ

lei|se Ⓦ

die Lei|ter Ⓦ, die Lei|tern

    ler|nen Ⓦ, sie lernt

    le|sen Ⓦ, er liest

das Licht Ⓦ, die Lich|ter

    lie|ben Ⓦ, er liebt ↷

das Lied ↷, die Lie|der

    lie|gen Ⓦ, sie liegt ↷

das Loch Ⓦ, die Lö|cher

der Löf|fel Ⓦ, die Löf|fel

der Lö|we Ⓦ, die Lö|wen

der Luchs Ⓜ, die Luch|se Ⓜ

M/m

    ma|chen Ⓦ, es macht

das Mäd|chen Ⓜ, die Mäd|chen

der Mai Ⓜ

    ma|len Ⓦ, sie malt

    man Ⓜ

der Man|tel Ⓦ, die Män|tel ⚡

der März Ⓜ

die Maus Ⓦ, die Mäu|se ⚡

das Mes|ser Ⓦ, die Mes|ser

der Me|ter , die Me|ter

mich

die Milch

mir Ⓜ

mit

der Mitt|woch ↬, Mitt|wo|che

möch|ten, er möch|te

mö|gen, es mag ↬

der Mo|nat , die Mo|na|te

der Mon|tag ↬, die Mon|ta|ge

mor|gen

die Mu|schel , die Mu|scheln

müs|sen , sie muss ↬

die Mut|ter , die Müt|ter

die Müt|ze , die Müt|zen

N/n

die Nacht , die Näch|te ⚡

der Na|me , die Na|men

die Na|se , die Na|sen

neh|men Ⓜ, er nimmt Ⓜ

nein

neu

nie

nie|sen Ⓜ, sie niest Ⓜ

der No|vem|ber Ⓜ

die Nu|del , die Nu|deln

nun

nur

O/o

ob Ⓜ

oben

das Obst Ⓜ

oder

oft

Ohr Ⓜ, die Oh|ren

der Ok|to|ber

das Öl , die Öle

der On|kel , die On|kel

P/p

pa|cken , es packt

das Pa|pier , die Pa|pie|re

der Pfeil , die Pfei|le

das Pferd ↬, die Pfer|de

pflan|zen , sie pflanzt

die Pfo|te , die Pfo|ten

der Pin|sel , die Pin|sel

der Platz ↬, die Plät|ze

das Po|ny Ⓜ, die Po|nys

die Pup|pe , die Pup|pen

Q/q

qua|ken , er quakt

die Qual|le , die Qual|len

der Qualm

der Quark

R/r

ra|ten ☺, sie rät ⚡

der Raum ☺, die Räu|me ⚡

rech|nen ☺, sie rech|net

re|den ☺, er re|det

der Re|gen ☺

reich ☺

ren|nen ☺, es rennt

rie|chen ☺, er riecht

der Ring ☺, die Rin|ge

rol|len ☺, es rollt

die Ro|se ☺, die Ro|sen

rot ☺

der Rü|cken ☺, die Rü|cken

ru|fen ☺, sie ruft

S/s

die Sa|che ☺, die Sa|chen

der Saft ☺, die Säf|te ⚡

die Sä|ge Ⓜ, die Sä|gen

sa|gen ☺, er sagt ↪

der Sams|tag ↪, Sams|ta|ge

der Satz ↪, die Sät|ze ⚡

das Schaf ☺, die Scha|fe

die Schau|kel ☺, die Schau|keln

schla|fen ☺, es schläft ⚡

der Schlit|ten ☺, die Schlit|ten

der Schlüs|sel ☺, die Schlüs|sel

schme|cken ☺, es schmeckt

die Schne|cke ☺, die Schne|cken

der Schnee Ⓜ

schnei|den ☺, sie schnei|det

schnell →

schon ☺

schön ☺

schrei|ben ☺, er schreibt →

die Schu|le ☺, die Schu|len

schwarz ☺

schwer ☺

die Schwes|ter ☺, die Schwes|tern

sechs Ⓜ

der See Ⓜ, die Se|en

se|hen ☺, sie sieht

sein ☺

die Sei|te ☺, die Sei|ten

der Sep|tem|ber ☺

sie ☺

sind Ⓜ

sin|gen ☺, er singt

sin|ken ☺, es sinkt

sit|zen ☺, sie sitzt →

sol|len ☺, er soll

der Som|mer ☺, die Som|mer

der Sonn|abend →,
die Sonn|aben|de

die Son|ne ☺, die Son|nen

der Sonn|tag →, die Sonn|ta|ge

spa|ren ☺, sie spart

der Spal|ten ☺, die Spal|ten

175

der Spa|zier|gang ,
    die Spa|zier|gän|ge
der Spie|gel , die Spie|gel
das Spiel , die Spie|le
    spie|len , es spielt
die Spin|ne , die Spin|nen
die Spit|ze , die Spit|zen
    ste|hen , es steht
    stei|gen , sie steigt
der Stein , die Stei|ne
    stel|len , sie stellt
der Stern , die Ster|ne
der Stie|fel , die Stie|fel
der Stift , die Stif|te
der Strauch , die Sträu|cher
die Stun|de , die Stun|den
    su|chen , er sucht

die Toch|ter , die Töch|ter
der Topf , die Töp|fe
der Traum , die Träu|me
    tref|fen , er trifft
die Tür , die Tü|ren
die Trep|pe , die Trep|pen
    tur|nen , sie turnt

U/u

    üben , er übt
die Uhr , die Uh|ren
    um
    und
der Un|fall , die Un|fäl|le
    uns
    un|ten

T/t

die Ta|fel , die Ta|feln
der Tag , die Ta|ge
die Tan|te , die Tan|ten
die Ta|sche , die Ta|schen
die Tas|se , die Tas|sen
das Ta|xi , die Ta|xis
der Tee , die Tees
der Tel|ler , die Tel|ler
das Tier , die Tie|re
der Tisch , die Ti|sche

V/v

die Va|se , die Va|sen
der Va|ter , die Vä|ter
    ver|su|chen , sie ver|sucht
    vie|le
    vier
der Vo|gel , Vö|gel
    vom
    von
    vor
der Vul|kan , die Vul|ka|ne

W/w

wach|sen Ⓜ, es wächst ⚡

wann Ⓜ

war|ten, sie war|tet

warm ω

wa|rum ω

was ω

wa|schen ω, er wäscht ⚡

das Was|ser ω

der Weg ↝, die We|ge

das Weih|nach|ten Ⓜ,
die Weih|nach|ten

weiß Ⓜ

wei|ter ω

wem ω

wen ω

wer ω

wer|fen ω, er wirft

das Wet|ter ω

wie ω

wie|der ω

die Wie|se ω, die Wie|sen

der Wind ↝, die Win|de

win|ken ω, sie winkt

der Win|ter ω, die Win|ter

wir Ⓜ

wis|sen ω, er weiß Ⓜ

die Wo|che ω, die Wo|chen

woh|nen Ⓜ, sie wohnt

die Wol|ke ω, die Wol|ken

wol|len ω, es will ↝

das Wort ω, die Wor|te

wün|schen ω, sie wünscht

der Wür|fel ω, die Wür|fel

der Wurm ω, die Wür|mer

X/x

das Xy|lo|fon Ⓜ

Y/y

die Yacht Ⓜ, die Yach|ten

das Yp|si|lon Ⓜ, die Yp|si|lons

Z/z

die Zahl Ⓜ, die Zah|len

der Zahn Ⓜ, die Zäh|ne ⚡

der Zaun ω, die Zäu|ne ⚡

zehn Ⓜ

zei|gen ω, er zeigt

die Zeit ω, die Zei|ten

das Zim|mer ω, die Zim|mer

der Zoo Ⓜ, die Zoos

zu ω

zum ω

die Zun|ge ω, die Zun|gen

zur ω

zwei ω

Wichtige Fachbegriffe

		Seite
Nomen	Wörter für Menschen, Tiere, Pflanzen und Dinge nennt man Nomen. Nomen werden immer großgeschrieben: *Kind, Hund, Baum, Tisch.*	8/9, 102/103
Artikel	Nomen haben Begleiter. Sie heißen Artikel. Bestimmte Artikel: *der Igel, die Kastanie, das Blatt.* Unbestimmte Artikel: *ein Igel, eine Kastanie.*	14/15, 104/105
Einzahl und Mehrzahl	Nomen gibt es in der Einzahl und in der Mehrzahl. Der Artikel in der Mehrzahl heißt immer die: *das Kleid – die Kleider, der Hut – die Hüte.*	38, 106/107
Verben	Verben sagen, was Menschen, Tiere, Pflanzen oder Dinge tun. Verben werden kleingeschrieben: *rennen, trinken, fliegen.*	20/21, 110/111
Wortstamm und Wortfamilie	Jedes Wort hat einen Wortstamm, der meist gleich bleibt. Wörter mit dem gleichen Wortstamm bilden eine Wortfamilie: *ein**pflanz**en, Topf**pflanz**e, **Pflanz**enname.*	61, 114/115
Adjektive	Wörter, die sagen, wie etwas ist, nennt man Adjektive: *klein, rot, schmutzig.*	50/51, 112/113
Aussagesätze	Am Satzanfang schreibt man groß. Nach jedem Aussagesatz steht ein Punkt: *Die Kinder basteln einen Schmuckrahmen.*	26, 120/121

Lernzusammenhänge in den Themenkapiteln

Kapitel	Sprechen und zuhören	Lesen – mit Texten und Medien umgehen	Schreiben (Texte verfassen)
Miteinander S. 6–11	zu einem Bild erzählen; Fragen stellen und beantworten; Gesprächsregeln beachten, über Regeln und ihre Einhaltung sprechen (6)	Arbeitsanweisungen lesen und verstehen (6–11); kleine Texte lesen und verstehen, Rätsel lösen, Rätsel präsentieren (7)	Rätsel lösen; eigene Rätseltexte schreiben; eine Rätselkartei anlegen (7) **Texte verfassen** SB (124), AH (48)
Im Herbst S. 12–17	sich an Gesprächen beteiligen, Sachverhalte beschreiben: Bastelmaterialien erkennen, Bastelergebnisse beschreiben; eigene Erfahrungen und Ideen einbringen, eine Ausstellung planen (12) Arbeitsergebnisse vergleichen (13)	Arbeitsanweisungen lesen und verstehen (12–17); Texte genau lesen (13); Texte präsentieren: Einladungen (13); Texte decodieren: Leerstellen und Bilder im Text (14, 15); Geheimschrift (17)	Textsorte Einladung kennenlernen; eine Einladung aus Textteilen zusammensetzen; wichtige Informationen in einer Einladung erkennen; eine eigene Einladung schreiben (13) **Texte verfassen** SB (138), AH (62)
Tiere S. 18–23	sich an Gesprächen beteiligen; Vorwissen aktivieren; einen Begriff klären; persönliche Wünsche und Gefühle formulieren/begründen; zu einem Tier Informationen sammeln, Kindersuchmaschinen nutzen (18) **Methodenseite** SB (169)	Arbeitsanweisungen lesen und verstehen (18–23); zentrale Textaussagen erfassen und wiedergeben, Informationen in Druck- und elektronischen Medien suchen (19); Texte decodieren: Geheimschrift (23)	einem Text Informationen entnehmen, Fragen zum Text beantworten; Informationen aus Medien sammeln und vortragen (19) **Texte verfassen** SB (134), **Methodenseite** SB (169), AH (58)
Im Winter S. 24–29	sich an Gesprächen beteiligen, zu Bildern erzählen; eigene Erfahrungen einbringen, über Gefühle und Vorlieben sprechen, sich über winterliche Feste anderer Kulturen austauschen, in Medien dazu recherchieren (24)	Arbeitsanweisungen lesen und verstehen (24–29); Gebrauchstexte genau lesen: Bastelanleitung (25); Bild-Text-Zuordnungen (26); Quizfragen lesen und vortragen (27); Fragen zum Text beantworten (29)	Bastelanleitung ausprobieren; den Bastelablauf in der Ich-Form beschreiben; Weihnachtswünsche und Weihnachtsgrüße in verschiedenen Sprachen sammeln (25) **Texte verfassen** SB (142), **Unsere Schreibprojekte** SB (150), AH (66)
Zeit vergeht S. 30–35	sich an Gesprächen beteiligen: einem Jahreskreis Informationen entnehmen; eine Jahreszeit beschreiben; Fragen beantworten; alternativ eigene Fragen formulieren; Sachbücher und digitale Medien zum Recherchieren benutzen (30)	Arbeitsanweisungen lesen und verstehen (30–35); Informationen in Druck- und elektronischen Medien suchen (28); ein Gedicht lesen (32) einen Dialogtext lesen (34)	zu einzelnen Monaten erzählen; Geschichten planen: Wörtersammlung anlegen; Monatsgeschichten in verschiedenen Buchformen präsentieren (31) **Texte verfassen** SB (126), AH (50)
Das bin ich S. 36–41	Inhalte präsentieren: über Persönliches wie Vorlieben, Freundschaften, Hobbys sprechen; ein anderes Kind mithilfe der Informationen beschreiben, dabei adäquate Sprechstrategien verwenden (36)	Arbeitsanweisungen lesen und verstehen (36–41); Sach- und Gebrauchstexte kennen, handelnd mit Texten umgehen: Rezept lesen und umsetzen (37), einen Dialogtext lesen (39) zentrale Textaussagen erfassen und wiedergeben (41)	Rezept in der richtigen Reihenfolge aufschreiben, dabei verschiedene Satzanfänge als Hilfe verwenden; Rezept nach Anleitung erproben; ein eigenes Rezept aufschreiben (37) **Texte verfassen** SB (144), AH (68)

Sprache und Sprachgebrauch untersuchen	Schreiben (Richtig schreiben)
Wortart Nomen und die Großschreibung von Nomen kennenlernen; Nomen sammeln, nach Kategorien ordnen (8); Verschriftung und Großschreibung von Nomen einzeln und im Textzusammenhang üben; Analogiebildung: durch Reimwörter neue Nomen bilden (9) **Sprache untersuchen** SB (102), AH (26)	Rechtschreibstrategie Silbenschwingen kennenlernen und anwenden; Wörter schwingen und aufschreiben; Silben zu Nomen zusammensetzen; Silbenbögen zeichnen (10) **Richtig schreiben** SB (82), **Methodenseite** SB (158), AH (6)
bestimmte Artikel ergänzen; farbige Artikelmarkierungen als Hilfe beim Erwerb der Genera kennenlernen; Gebrauch der Artikel in einem Spiel erproben (14); Nomen mit unbestimmten Artikeln aufschreiben und sortieren; über die Verwendung von bestimmten und unbestimmten Artikeln sprechen (15) **Sprache untersuchen** SB (104), AH (28)	das Alphabet üben; Wörter und Wortpaare nach dem ABC ordnen; in der Wörterliste nachschlagen; Wörter nach dem zweiten Buchstaben ordnen; ein Herbst-ABC gestalten (16) **Richtig schreiben** SB (80), AH (4)
Wortart Verben kennenlernen; Verben zuordnen, sinnvolle Sätze aufschreiben; Spiel: Verben vorspielen und erraten lassen (20); die Veränderung von Verben im Satz erfahren; vorbegrifflich: Personalformen von Verben erkennen und verwenden; Verben passend einsetzen, sinnvolle Sätze schreiben (21) **Sprache untersuchen** SB (110), AH (34)	Selbstlaute und Mitlaute unterscheiden; Selbstlaute als Silbenkönige kennenlernen, in Silben markieren, Silbenbögen zeichnen; aus Silben Tiernamen bilden (22) **Richtig schreiben** SB (84), AH (8)
den Satz als sprachliche und klangliche Einheit erfahren; Aussagesätze und Satzschlusszeichen Punkt kennenlernen; Großschreibung am Satzanfang (26); Fragesätze und Fragezeichen als Aussprachezeichen kennenlernen, Satzarten mit einem Quiz üben (27) **Sprache untersuchen** SB (120), AH (44)	regelmäßige Schreibung des langen i als ie kennenlernen; Wörter mit ie aufschreiben, Silbenbögen zeichnen, ie als Silbenkönig markieren; Verben mit ie aus Silben zusammensetzen (28) **Richtig schreiben** SB (88), AH (12)
Namen für Wochentage, Monate, Jahreszeiten üben; den Begriff „Komma" kennenlernen; Unterschiede in Klang und Aussprache finden: Englisch-Deutsch (32); zusammengesetzte Nomen bilden; zusammengesetzte Nomen finden und zerlegen (Nomen + Nomen) (33) **Sprache untersuchen** SB (108), AH (32)	Zwielaute als Silbenkönige kennenlernen; Wörter mit Zwielauten identifizieren; Zwielaute in Wörter einsetzen/markieren; eigene Wörter mit Zwielauten finden, die Wörterliste als Hilfe verwenden **Richtig schreiben** SB (86), AH (10)
Einzahl/Mehrzahl kennenlernen; Nomen nach Einzahl und Mehrzahl sortieren (Liste und Tabelle); Mehrzahlformen bilden (S. 38); den Artikel „die" als Pluralartikel erkennen; Umlaute als Silbenkönige und Umlautungen in Mehrzahlformen kennenlernen (39) **Sprache untersuchen** SB (106), AH (30)	Rechtschreibstrategie Ableiten kennenlernen und anwenden, Wörter mit ä und äu identifizieren und verwandte Wörter mit a und au suchen; Sätze mit ä und äu zu einem Text ordnen (40) **Methodenseite** SB (160) **Richtig schreiben** SB (94), AH (18)

Kapitel	Sprechen und zuhören	Lesen – mit Texten und Medien umgehen	Schreiben (Texte verfassen)
Ich mache mit S. 42–47	sich an Gesprächen beteiligen, zu Bildern erzählen; eigene Ideen und Erfahrungen einbringen, sich zu den Gedanken anderer äußern (42)	Arbeitsanweisungen lesen und verstehen (42–47); Texte genau lesen (43); Zungenbrecher üben (46); zentrale Textaussagen erfassen und wiedergeben (47)	unterschiedliche Satzanfänge als erzählerisches Mittel kennenlernen; Texte mit unterschiedlichen Satzanfängen schreiben (43) **Texte verfassen** SB (132), AH (56)
Im Frühling S. 48–53	Beobachtungen wiedergeben: ein Bild beschreiben; über die Veränderungen in der Natur sprechen; Stichworte zum Frühling sammeln; eigene Vorlieben und Gefühle beschreiben (48)	Arbeitsanweisungen lesen und verstehen (48–53); den Bauplan von Elfchen erklären, ein Elfchen ordnen, Gedichte vortragen (49); Texte genau lesen (50/51); zentrale Textaussagen erfassen und wiedergeben (53)	den Bauplan von Elfchen verstehen; eigene Elfchen verfassen (49) **Texte verfassen** SB (146), AH (70)
So ein Theater! S. 54–57	ein Kamishibai kennenlernen; von eigenen Erfahrungen berichten; alternativ Bild und Stichwörter zur Beschreibung nutzen (54) Texte sinngestaltend vortragen, anderen zuhören (57) **Methodenseite** SB (168)	einem Text Informationen entnehmen, Stichworte zur Vorbereitung einer Aufführung notieren (55); Märchenbausteine lesen (56)	aus Märchenbausteinen einen eigenen Text zusammensetzen, Textkohärenz beachten (56); Texte/Bilder zur Veröffentlichung aufbereiten (57)
Natur entdecken S. 58–63	Sachverhalte beschreiben: einem Bild Informationen entnehmen; eigene Meinung äußern und begründen, Informationen sammeln und vortragen (58)	Arbeitsanweisungen lesen und verstehen (58–63); lebendige Vorstellungen zu Texten entwickeln: eine Bildergeschichte erzählen (59); Texte genau lesen (60)	eine Bildergeschichte aufschreiben; Personennamen und passende Überschrift finden (59) **Texte verfassen** SB (130) **Unsere Schreibprojekte** SB (154), AH (54)
Alle nutzen Medien S. 64–69	sich an Gesprächen beteiligen, zu Bildern erzählen; über Medien und ihre Nutzung sprechen; sich über die eigene Mediennutzung austauschen; eine Umfrage zum Thema Medien durchführen (64), einem Vortrag zuhören **Methodenseite** SB (168)	Arbeitsanweisungen lesen und verstehen (64–69); einen Text zum Begriff Medien lesen (65)	einen Textabschnitt für einen Vortrag vorbereiten: betonte Textstellen und Pausen markieren; den Textvortrag üben **Texte verfassen** SB (136), AH (60)
Im Sommer S. 70–75	sich an Gesprächen beteiligen, zu Bildern erzählen; eigene Erfahrungen einbringen, sich zu den Gedanken anderer äußern; unterschiedliche Perspektiven einnehmen: berichten, worauf ein anderes Kind sich freut (70)	Arbeitsanweisungen lesen und verstehen (70–75); Akrostichon lesen (70); eine Postkarte lesen, Texte decodieren: Geheimschrift (71); Texte genau lesen (72)	das Schreiben einer Postkarte vorbereiten, über Sinn und Funktion schriftlicher Mitteilungen sprechen; eine Geheimbotschaft entschlüsseln, eine eigene Geheimbotschaft verfassen **Texte verfassen** SB (148), AH (72)
Wir lesen Bücher S. 76–79	eine einfache Präsentationsform für eine Buchvorstellung kennenlernen; ein Buch begründet auswählen; eigene Leseerfahrungen beschreiben; Fachbegriffe und Kategorien verwenden (76)	Arbeitsanweisungen lesen und verstehen (76–79); Fachbegriffe kennenlernen und verwenden, ein Diagramm lesen; Umfrageergebnisse in Form eines Diagramms festhalten (77)	eine Geschichte aus Textbausteinen entwickeln, dabei Textkohärenz berücksichtigen, eine passende Überschrift finden (78) **Texte verfassen** SB (128), AH (52)

Sprache und Sprachgebrauch untersuchen	Schreiben (Richtig schreiben)
Veränderung der Wortbedeutung durch Vorsilben erfahren und in Sinnzusammenhängen anwenden; Wörter mit Vorsilben in Lückentext einsetzen (44) **Sprache untersuchen** SB (118), AH (42)	Rechtschreibstrategie Merkwörter kennenlernen: Merkwörter mit Doppelvokalen; zusammengesetzte Nomen mit Doppelvokalen bilden (45); **Methodenseite** SB (161); Zungenbrecher mit Sp/sp und St/st; Sp/sp und St/st am Wortanfang einsetzen; Rätsel lösen (46) **Richtig schreiben** SB (92), AH (16)
Wortart Adjektive kennenlernen: Adjektive zuordnen, Gegensatzpaare bilden, die beschreibende Funktion von Adjektiven erkennen (50); Adjektive in Sätzen verwenden, die veränderten Wortendungen markieren (51) **Sprache untersuchen** SB (112), AH (36)	Rechtschreibstrategie Merkwörter: Wörter mit V/v herausschreiben; Verben mit Vorsilben ver- und vorbilden; Wörter mit V/v nach Klang sortieren (52) **Methodenseite** SB (161) **Richtig schreiben** SB (98), AH (22)
Verkleinerungsformen -chen und -lein kennenlernen und selbst bilden (60); Wortstamm und Wortfamilie kennenlernen; Kuckuckseier in Wortfamilien finden; weitere Wörter zu vorgegebenen Wortstämmen finden (61) **Sprache untersuchen** SB (114), AH (38)	schwierige Buchstabenverbindungen üben: Wörter mit -el, -en, -er am Wortende, Wörter mit Qu/qu, Wörter mit Konsonantenhäufungen am Wortanfang (62) **Richtig schreiben** SB (100), AH (24)
die Begriffe Ausruf und Aufforderungssatz kennenlernen, das Ausrufezeichen als Satzschluss- und Betonungszeichen erfahren; die Wirkung unterschiedlicher sprachlicher Mittel vergleichen (66); Satzarten und Satzschlusszeichen üben, Aussagesätze in Fragesätze umformen (67) **Sprache untersuchen** SB (122), AH (46)	Rechtschreibstrategie Verlängern kennenlernen; zu Wörtern mit Auslautverhärtung das passende Wort finden; Wörter mit Auslautverhärtung verlängern und die Wortpaare aufschreiben **Methodenseite** SB (159), **Richtig schreiben** SB (100), AH (20)
Verben aus dem Wortfeld „laufen" im Textzusammenhang anwenden; Verben nach Wortfeldern sortieren und im Satzzusammenhang gebrauchen (72); zwischen Dialekten und Standardsprache unterscheiden: im Lückentext mithilfe der Farben passende mundartliche Begriffe auswählen; spielerisch mit zusammengesetztem Nomen umgehen; Sprachen vergleichen (73) **Sprache untersuchen** SB (116), AH (40)	Wörter mit doppelten Mitlauten zusammensetzen und ergänzen; Silbenbögen zeichnen; mit der Wörterliste arbeiten; Reimwörter sammeln (74) **Richtig schreiben** SB (90), AH (14)

Jo-Jo 2

Sprachbuch

Erarbeitet von
Stephanie Aschenbrandt, Annett Marchand, Susanne Mansour, Sandra Meeh,
Henriette Naumann-Harms, Martin Wörner

Fachliche Beratung zur Silbenstrategie
Günter J. Renk

Unter Beratung von
Sara Henkel (Esslingen am Neckar), Marina Hilgemann (Münster), Susanne Ritterbusch (Berlin),
Lisa Windisch (Frankfurt a. M.)

Redaktion
Gabriela Korup, Elisaveta Kogan

Illustrationen
Andrea Hebrock, Gabriela Silveira, Vera Schmidt, Antje Hagemann, Wenke Kramp,
Imke Sönnichsen, Gabriele Heinisch (siehe U3)

Umschlagillustration
Dorothee Mahnkopf

Gesamtgestaltung
Heike Börner, orangerie-grafikdesign, Berlin

Layout und technische Umsetzung
Reemers Publishing Services GmbH

www.cornelsen.de

1. Auflage, 1. Druck 2024

Alle Drucke dieser Auflage sind inhaltlich unverändert und können im Unterricht parallel eingesetzt werden.

© 2024 Cornelsen Verlag GmbH, Berlin

Druck: Mohn Media Mohndruck, Gütersloh

ISBN 978-3-464-80720-0

PEFC-zertifiziert
Dieses Produkt
stammt aus
nachhaltig
bewirtschafteten
Wäldern und
kontrollierten Quellen

PEFC/04-31-1033   www.pefc.de